产品思维
从高维视角解构产品世界

开课吧◎组编

高玮　阎俊男　武春杰　杨雯雯◎编著

本书分为三篇，分别从行业趋势、产品思维、用户需求三个方面解读产品的设计、定位、运营，运用产品思维对"Z世代"的崛起、"内卷"的状态、"国潮"的兴起等进行了深入的剖析。

此外，本书也探讨了产品经理的职业发展和职场生态位。"万物皆产品"，产品经理本身也是一种产品，用产品思维更好地管理人生，让自身不断迭代升级，持续成长，是人生路途上可以实现"降维打击"的不二法门。人是所有问题的起源，也是所有问题的答案，读懂自己，读懂用户，做持续的进步者和链接者，应该是每个产品经理的终生追求。

本书适合产品经理、产品设计师、运营、市场等互联网从业人员阅读，也适合想了解产品经理工作及准备转型为产品经理的读者学习参考。

图书在版编目（CIP）数据

产品思维：从高维视角解构产品世界/开课吧组编；高玮等编著. —北京：机械工业出版社，2021.9

（数字化人才职场赋能系列丛书）

ISBN 978-7-111-68956-0

Ⅰ. ①产… Ⅱ. ①开… ②高… Ⅲ. ①企业管理-产品开发
Ⅳ. ①F273.2

中国版本图书馆 CIP 数据核字（2021）第 162109 号

机械工业出版社（北京市百万庄大街22号　邮政编码100037）
策划编辑：尚　晨　　责任编辑：尚　晨
责任校对：张艳霞　　责任印制：郜　敏
三河市国英印务有限公司印刷

2021年9月第1版·第1次印刷
169mm×239mm·13.25 印张·254 千字
00001—11500 册
标准书号：ISBN 978-7-111-68956-0
定价：99.00 元

电话服务　　　　　　　　　网络服务
客服电话：010-88361066　　机 工 官 网：www.cmpbook.com
　　　　　010-88379833　　机 工 官 博：weibo.com/cmp1952
　　　　　010-68326294　　金 书 网：www.golden-book.com
封底无防伪标均为盗版　　　机工教育服务网：www.cmpedu.com

前言

从《三体》小说大热开始,"降维打击"成为一个经常被提及的词语。在笔者的理解中,降维打击是在更高的维度进行有针对性的摧毁级的战斗,就像小说里描述的强相互作用力的"水滴",轻而易举地毁灭人类的舰队,一张小小的"二向箔"摧毁整个太阳系也是不费吹灰之力。技术和认知层面的代际差,像很多武侠小说里追求的"飞花逐叶即可伤人"的意境,不但要赢,还要赢得轻松漂亮。此种境界,在当下"内卷"的漩涡中似乎是天方夜谭。但我们相信,如果可以提升认知维度,在更高的格局和视野上进行洞察和判断,很多事情也可以产生"降维打击"的效果。

在商业竞争中,一个很重要的武器就是产品。产品力的高低,也是现在从供给侧向需求侧跃迁的时代背景下各个企业的核心竞争要素。那么,产品世界的降维打击应该从何而来?

笔者有幸在 2010 年至 2013 年参与过爱奇艺从无到有,从行业的后起之秀到异军突起,最后成为行业头部视频 APP 的全部过程。之后也参与过很多产品和公司的定位、运营、设计等项目,有过"神来之笔",也有过错误尝试,带来的结果是天差地别的。2019 年,笔者进入职业教育领域,开始有时间和机会梳理这些经历并进行沉淀总结,经过深度思考与总结后发现,在不断变化的市场与用户需求中,用户体验、用户需求、商业逻辑的本质是不会变化的。所以,从 2020 年 10 月开始,笔者开启了"山顶 Talk"计划,每周

三晚八点,用直播公开课的形式,将自己对行业与需求的理解与分析,与更多学员分享、碰撞,以求探索真知与新知。不到一年的时间里,"山顶Talk"收获了大量学员的良性反馈与鼓励,我们也共同收获了对行业与需求的认知与洞悉。这些认知未必深刻,但它本身就是在无数次思维碰撞中的"结晶",不敢专美,于是集结成册,希望能和更多读者产生思想碰撞与共鸣,也希望对在商业和产品领域进行探索的读者有些启发与帮助。商业世界博大精深,由于笔者阅历有限,如有不当之处,还请读者海涵。

本书共分为三篇,分别从行业趋势、产品思维、用户需求三个方面解读产品的设计、定位、运营。内容涵盖用户需求、产品思维以及行业洞察,既有知识讲解与方法归纳,也有流程解析与实战案例,更有笔者多年来打造互联网一线产品的感悟与思考。笔者希望通过探讨产品经理的职业发展和职场生态位,帮助该行业的从业者拨开迷雾,提升行业技能,找到适合自己的职业赛道。

如今我们已迈入全民数字化时代,产品经理身处时代浪潮之中,只有让自己不断迭代升级,方能乘势而上,逐浪前行。

最后,用"山顶Talk"每次课后的结语作为这篇前言的结语,亦是正文的开篇——"山脚人太多,咱们山顶见"。

高 玮

目录

前言

上篇：顶天——趋势篇

网络流行语与市场心声——每年最火的热词传递了哪些信号 2

当"努力"开始贬值——内卷的本质到底是什么 5

如何找到时代的"卡点"——从 Gartner 曲线读懂行业周期变化 8

萧条与繁荣的轮回——康波周期对时代的影响 11

新业态的结构性变化——如何找到逆周期行业 16

Z 世代诞生的新机会——如何利用潜在用户需求撬动行业机遇 22

消费升级与国货崛起——从国潮复兴看新时代的新物种 27

中篇：立地——产品篇

生态位变迁与产品形态发展——从"114"这样的超级入口，
　读懂企业生态位 34

人效生意与规模化产出——风靡一时的"学霸君1v1"为什么走向了末路 45

心智锚点与产品思维策略——双 11 的历史变革见证电商产品发展 57

产业风口与底层需求——直播带货火爆背后的心理动因 64

产品聚焦与需求链接——微信十周年一路发展带来的启发 74

智能商业的"双螺旋"结构——为什么微视无法撼动抖音和快手 83

人工智能时代的人文温度——快手的上市与下沉市场打法 90

文化符号与产品"破圈"——为什么春晚红包成为各家巨头追逐的对象　98

构造企业的"第二曲线"——社区团购为什么引发了如此大的风波　106

下沉市场的产品核心策略——蜜雪冰城如何用2元甜筒撬动万家门店　115

产品思维与IP价值——迪士尼的IP矩阵,"国潮"产品崛起如何借鉴　122

随机性体验带来的成瘾性效果——小小盲盒如何成就泡泡玛特千亿市值　132

产品功能设计到情绪设计的跃迁——深度分析游戏产品的付费设计及沉迷机制　141

下篇:人和——用户篇

爆款产品的本质与内涵——国货复兴背后的用户心智迁移　150

挖掘用户增量空间——下沉市场巨大机会及时间机器　155

社会化群体营销——节日经济特征如何引发消费流行　160

用户对"非确定性"的沉迷——通过斯金纳箱机制让用户产生持续黏性　164

重塑"人、货、场"——如何把远处的风景带到用户身旁　168

碎片化时代的用户焦点——M时代背景下用户主力如何聚焦　174

新时代用户需求的变化与传承——Z世代的崛起和新口红效应　179

后记:产品经理的生态位

生态位的思考逻辑　186

如何构建职业的生态位　191

生态位如何形成壁垒　196

如何对抗行业周期和知识半衰期　199

产品经理的高维视角是什么　202

上篇：

顶天——趋势篇

网络流行语与市场心声——每年最火的热词传递了哪些信号

我有一个习惯，每年都会整理和思考这一年网络中最热门的流行词。一些流行词包含了强烈的市场心声，产生的社会反响和回应是巨大的，能达到"年度热词"的量级和效果。

2019 年热词

2019 年最火的词是"我太难了"。这一年找工作变难了，投了很多简历，但是面试机会很少，即便有了面试机会，想拿到好的 offer 也很困难。这一年全球经济贸易增速显著放缓。

2020 年热词

2020 年的年度热词非常之多。比如在 bilibili 网站上传播法律知识的罗翔老师，案例解析中常有"法外狂徒张三"的名字出现，由此成"梗"。以及"好自为之"的谐音梗"耗子尾汁"，是马某某因为口音问题留下的"经典"。还有"爷青结"说的是"爷的青春结束了"，七分自嘲，三分认真，表达了对时光飞逝的慨叹。"全民抗疫众志坚",说的则是疫情期间的伤痛和感动,也是我们2020年最深刻的心灵"印痕"。在种种困境之下,大家想到了不少积极的方法,比如说直播助农,以农村生活为拍摄题材的网红们,为自己的乡村代言和"带货",促进当地经济回暖之余,也把各地的风土人情传播到了更多的地方。

说说内卷

每年的热词都涉及各种事件和社会现象。如果你能知道每年最流行的词语,其实是非常有价值的一件事。我们总是说人生起起落落,2020年过去了以后,2021年会更好吗?对于很多人来说,2020年的关键词是"活着",有很多企业,很多商家,很多生命,永远留在2020年。留下来的人将承载更多的希望继续往前走,在跨过2020年迎接2021年的时刻,出现了一个叫"内卷"的词,这个词令人印象深刻,"淡黄的长裙,蓬松的头发"和我们没有什么关系,而内卷却与每个人的利益切实相关。

什么是内卷?简单举例,当我们没有办法创造一个更大的蛋糕的时候,所有人就会抢面前的小蛋糕,抢的过程中非常努力,但是得到的很少甚至什么都没抢到,这就是内卷。当你付出了更多的努力之后,却没有得到该有的回报,这是一个没有意义的内耗。

内卷到底是不是很严重?我们看一看下面这张图就知道了,这是百度上"内卷"这个词的搜索排名,2020年不断发酵成为一个热词,已然出圈。最早"内卷"只是小范围内使用,诞生背景是社会和文化发展到一定程度后停滞不前的时期。美国经济学家曾这么形容某地农业的状况,由于农业技术没

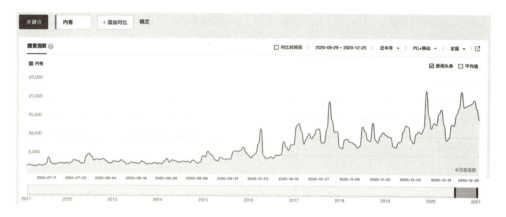

有改良,再努力生产,也没有办法种植出更多的粮食作物。唯一能在这个市场上存活的方法就是尽可能辛勤生产,尽可能多干活,但干了一堆活之后,并不能带来可观的收入和收成,无法达到向更高阶转化的效果。"物"的世界的增值,和"人"的世界的贬值成正比,东西越来越贵,但是人的价格越来越便宜,每个人付出同样的劳动,获取同样的报酬越来越难。

逆水行舟,不进则退,很多人如今在职场中拼命往前跑,只求停留在当初所站的位置,这已是不错的结果。前几年,好像稍微学习一点东西,付出一点点努力,薪酬就有明显的提升。而现在这似乎变得越发困难。

更宽泛地说,所有无实质意义的消耗都可称为内卷。而作为年度热词,内卷背后还有着更为深刻的社会和经济原因。接下来我将就"内卷"及其时代成因等内容,为读者提供一些不同的分析视角。

当"努力"开始贬值——
内卷的本质到底是什么

内卷这件事和我们每个人的利益切实相关,所以要分析内卷深层次的成因,只有知道成因才能更好地对抗内卷。

内卷的原因

内卷的核心原因,在于当资源总量固定的情况下,我们没有办法把蛋糕做大。近20年中国经济高速发展,每个人都是时代大潮中的获利者。在这个过程中,蛋糕不断扩大,无论是互联网还是实体行业,都尽可能做好做强,使得整个盘子变大。但当资源总量开始固定,没办法扩展市场时,竞争者就会处于抢占资源的冲动之中,用降低自身福利的方式获取更多资源。比如企业竞争中有个策略称为"价格战",为了抢占市场,原本卖两百块钱的东西,一百块钱卖出,只要能够把钱收进来,哪怕少赚一点都可以。对员工来讲也一样,为什么会出现"996"?很多人觉得是社会环境造成的。其实不尽然,为了获得一份不错的工作,很多人面试的时候强调自己的意志品质:"没问题我可以加班,没问题我身体很好,我没有任何牵绊",通过这样的方式来竞争一个岗位。这些人可以接受"996",用人单位就用这些人,反正最后的结果没有差别，那就"966"。原本大家有可能以轻松一些的方式获得一样的待遇，现在由于这类的竞争，产生内卷，高强度工作之下，最后挣的钱一样，甚至更少。

内卷的结果

2020年有一个非常火的计算机游戏——赛博朋克2077。CDPR这家游戏企业推出过《巫师》系列游戏，以前该公司产品是迎合小众玩家的火爆品牌，但赛博朋克推出之后，社会关注度非常高，这其中固然有很多自媒体力荐，以及游戏代理商的宣发做背后的推手，但是更重要的一点是，"赛博朋克"本质上描绘了一种社会现象：技术持续发展，高度内卷之后所带来的一个必然的结果——High Technology Low Live，也就是科技高度发达，生活品质低下。在那个世界里，有很多飞车，有自动化义肢，有高度发达的工具，眼睛可以看到红外线，技术发展迅猛，但是生活品质极低。整个世界被割裂了，一部分人超级有钱，成为上层阶级，但是更多的人沉沦在最底层。这种反乌托邦

的状态，电影《阿丽塔》也描绘过。

"赛博朋克"的世界，无外乎是用已有的技术做更新，没有革命级的变革，人们被困在地球上，无法追求永生。在这样的状态下，由于资本的高度富集，AI技术和大数据技术的发展，使少部分人占据绝大部分的生产资料，这个时候AI取代了绝大多数白领阶层，底层群体只会越来越困苦。

话说回来，"内卷"并不意味着个人努力完全失去意义，我们应当保持积极向上的进取精神，打破固有的思维习惯，接纳新的事物和思想，走出认知的舒适区，说不定会有意外的收获。

现今，不管是企业争夺市场的"价格战"，还是普通人的"加班困局"，这些行为与行业周期变化有着千丝万缕的联系，接下来将着重用"Gartner曲线"来解构这些现象。

如何找到时代的"卡点"
——从 Gartner 曲线读懂行业周期变化

2020 年是电商直播行业呈爆发式增长的一年。带货主播们取得的惊人销量,把一个巨大的势能引爆成动能。每个时代真正出现的最大卖货场,转化系统其实都不一样。下面以 114 查号台为例,来看看互联网时代的变迁。

为什么有些产品没落了,有些产品兴起了?以实时性、个性化、信息密度、碎片化、参与性为标准,114 实时性很差,个性化很难,用户虽可以通过电话来确定想要的东西,但音频是信息密度非常低的一种方式,碎片化很差,参与性几乎没有。

114 这款产品为什么没落?是什么淘汰了它?是用户的需求体验。4G、5G 带来新的技术变革,使得各种替代产品应运而生。在这里用 Gartner 曲线看一下行业周期。Gartner 曲线来源于 1995 年 Gartner 咨询公司的预测与推论,该公司将各种新科技的演变过程分为 5 个阶段,如下图所示。

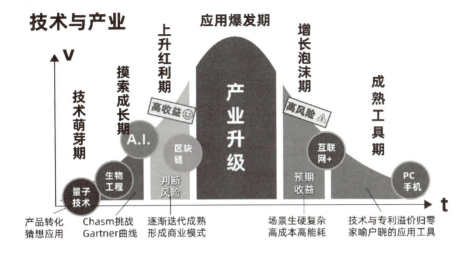

任何一个行业周期的发展，要看什么是推动这个行业发展的真正的原动力，答案是技术和商业的共生体，这就像 DNA 的双螺旋曲线。第一条螺旋曲线即：技术先行，往往是先有概念，之后出现技术定型，而后出现稳定技术，从研发变成工程化后，就会进入摸索成长期，当技术找到应用场景后，就进入上升红利期，再遇到一个良性的商业化状态，就会进入用户爆发期。当市场供过于求，这个时候商业开始驱动第二条螺旋曲线，随即出现融资难度剧增，出现增长泡沫期，大量没有商业模式，没有造血能力的企业在这个阶段倒下了。所以，找到时代的"卡点"（准确的时间点）极为关键。

互联网打败了传统行业吗？我觉得是优质体验取代了低质体验。当生活变成无边界的世界，淘宝可以 24 小时无限量地供货，满足人们日常所需，它使得大家的综合性交易撮合成本降低了。而一个实体店再大，能存下多少货品？好比一个图书馆再大，也容不下整个电子书城。

再说交易的便捷程度，现代消费者利用互联网足不出户就能买到天下货，交易过程的成本大大降低。这个交易成本不只是实体的物品，消费内容、消费信息某种意义上都包含在交易成本中。比较手机和 Web 时代、PC 时代，交

易成本已经降低了不少,不再需要从被窝里爬出来,走到计算机前打开计算机,等着它启动发消息,如今只需要打开手机看一眼就可以了,交易过程成本、系统成本都降低了。

最后是无边界竞争,使交易系统效率提高。为什么大家一开始对淘宝上的东西很纠结?因为进货价一样,打"价格战",为的是争夺系统的平衡点,最后商家都扛不住了,"价格战"被迫中止,使得交易系统效率提高。从用户侧角度来讲,这样的竞争就是市场化带来的好的价值。

于是一些长连接的生态就出现了。旅游产品是一个短连接系统,短博弈,比如游客今天去某个景点"打卡",可能这辈子都不会再来第二次了,便有了无良导游"坑"游客的乱象。但互联网带来的则是交易信誉的总体提升,是广入口、长连接、深发展。用户的差评或好评,通过整个社会化媒体传播的方式,使得大家产生了总体连接,用长博弈去解决这个系统中的问题,这是互联网带来的价值。

而一旦出现引领时代的技术革新,那么全球的市场经济格局可能有爆发式地突破,这种突破会将我们的生产生活带入一个全新的市场和行业周期当中。反过来,经济周期性地演变对时代的发展也有着不可忽视的作用。接下来我会根据"康波周期"的有关内容。

萧条与繁荣的轮回——康波周期对时代的影响

康波周期的本质

"康波"指的是发达商品经济中,经济从复苏、繁荣、衰退,最后至萧条,不断重复的过程。而所有市场,所有行业大都也会经历这样一个为期50~60年的长周期,前半程顺风顺水,后半程惨淡经营。康波周期的核心点来源于技术的发展,科学技术是第一生产力。

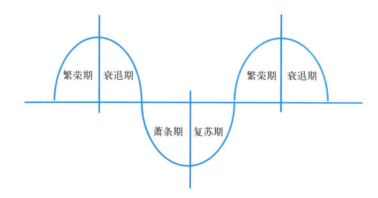

康波周期与人类生活

目录,人类经历过四次完整的康波周期,现在正处于第五次康波中。第

一次从 1802 年开始，瓦特的蒸汽机引起英国"羊吃人"的圈地运动，使得纺织业和蒸汽机有了明显变化，1802 年到 1845 年，走完由兴盛到衰败的整个过程。第二波是钢铁和铁路，它们带来运力的结构性变化，包括对于能源使用方式的更新。第三次是电气和重化工业的发展，也是爱迪生和特斯拉的时代。他们的发明带来了照明工具以及新的产业升级和变化。电气首先推动了包括电离水解作用在内的整个化学工业的极大发展，化学工业又带来了化肥的广泛使用，使得全世界人民终于能够吃饱饭，进而实现人口的巨大提升，这才有了世界级的"人口红利"时代。第四次康波周期的核心是汽车和电子计算机，前者是对石油能源的使用，让世界不断"变小"——沟通和运输更快捷。电子计算机的发展把人类的算力提升到了一个空前高度，尽管第一台电子计算机"埃尼阿克"（ENIAC）的计算速度只有每秒 5000 次，但是它对弹道的计算已经超过了当时所有科学家的能力范畴。计算机的算力可以通过技术不断加速、更迭、复制。同时在从电子管到晶体管，再到集成电路的演进与发展中，计算机的算力呈几何级数快速上升。使得人们掌控了海量的数据和信息，并且能够及时交互与反馈。第五次康波周期的关键是信息技术。信息技术是电子计算机演进到后端的体现，当互联网、移动互联网广泛使用这项技术后，我们全面进入第五次康波周期的范围。它的核心是，所有本机进行互联互通之后，信息、知识、数据以一个空前的高度和人类无法想象的方式在进行着关联。任何一个信息，都可以在瞬间散布到世界的任意角落。所以，人们才会重新怀念起当年"信件慢，车马也慢"的田园牧歌般的生活。

目前我们刚好处在康波周期的谷底，这是世界经济史上第五次明确的康波，它的规律异常明确，明确到具体有几年，且周期内不同阶段的时长

世界经济史上的五轮康波：1782~2017				
长波主导技术创新	繁荣	衰退	萧条	回升
第一波（64年）(纺织和蒸汽机)	1782~1802年 (20年)	1815~1825 (10年) (战争1802~1815)	1825~1836年 (11年)	1836~1845年 (9年)
第二波（47年）(钢铁和铁路)	1845~1866年 (21年)	1866~1873年 (7年)	1873~1883年 (10年)	1883~1892年 (9年)
第三波（56年）(电气和重化工)	1892~1913年 (21年)	1920~1929 (9年) (战争1913~1920)	1929~1937年 (8年)	1937~1948年 (11年)
第四波（43年）(汽车和自动化)	1948~1966年 (18年)	1966~1973年 (7年)	1973~1982年 (9年)	1982~1991年 (9年)
第五波(信息技术和计算机)	1991~2008年 (17年)	2008~？	？	？
推测第五波（48年）(信息技术)	1991~2008年 (17年)	2008~2018年 (10年)	2019~2030年 (11年)	2030~2040年 (10年)

均有一定规律，繁荣期20年，衰退期10年，萧条期10年，回升期10年。第五次康波周期的繁荣期比其他几次长，1991年到2008年是兴盛的17年。2008年世界金融危机，中国"4万亿"出手"救"世界，当10年的衰退期过去之后，从2019年进入萧条期，很可能持续到2030年。在产业周期律上能够看到，世界上很多核心技术，10年左右才能大幅度商业化。未来人类的机会是什么？是生物工程、量子计算、IoT、5G，它们会带来新一轮的产业革命，很可能从2030年开始。无人驾驶方兴未艾，量子计算刚刚起步，DNA工程还在早期研究阶段，这些技术从整个产业周期律来讲，以10年为发展周期。

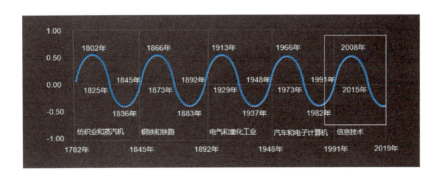

康波周期的谷底仍有"大山"

一、"黑天鹅"事件

2020年至今，全球面临着新冠疫情带来的严峻考验，这类超级黑天鹅现象，是我们无法预测的，整个世界格局被打乱。消费停滞、需求下降、航班停运、贸易受阻、信心疲软……疫情笼罩下的世界经济可谓如履薄冰。中小制造企业、零售以及线下服务型企业，更是遭受重创。中国在抗疫过程中保持信息高度透明，经受住了新冠肺炎疫情的考验，成绩有目共睹。

二、马尔萨斯陷阱

马尔萨斯陷阱指的是任何文明发展到一定阶段之后，都会出现资源短缺的困境，各种能源短缺，食物短缺的影响，再加上社会的周期变化，最后导致经济崩溃。"内卷"的本质，也是因为大环境资源在收缩，使得企业之间竞争严重。

如同现在的互联网行业一样，新出现的企业并不多，不像前些年那么发达兴盛，互联网+开始走向成熟，也没有特别大的快速发展机会了。同时，量子技术、生物工程、AI还在爬坡期，真正产业升级带来巨大的岗位资源、资本红利、技术更新，暂时完全缺失。好处是终于能够踏踏实实做一些业务了，坏处在于新技术革命的时间并没有到来，只能等待。企业间的内卷还在加剧，资源向头部聚集。有人说过这么一句话，"50年前，世界

上最聪明的人在NASA，为人类登上月球而努力；50年后，世界上最聪明的人在给Facebook设计算法，使得它在竞价排名中挣更多的钱。"虽说后者也非常有价值，但是对人类的发展并没有真正意义上的帮助，这难免让人觉得有些悲怆。

对个人的职业选择而言，我们不仅要顺势而为，也要学会逆势向上。前者只需要紧跟大众趋势，而后者则需要"慧眼识珠"，找到有潜力的行业。接下来我将和大家探讨"逆周期"行业，希望对你的职场进阶有所帮助。

新业态的结构性变化——
如何找到逆周期行业

在这样一个错综复杂的时代,应该选择什么样的行业?择业的底层逻辑是什么?不妨参考六大结构性变化,分析一下几个值得关注的行业。六大结构性变化,分别是线上化、硬科技、政策面产业变革、降本增效、逆周期行业整合和逆周期流动性变化。

线上化

线上化使得消费结构出现变化,人们的消费方式也出现了新的变化,那么线上化到底是一个什么样的底层逻辑呢？首先疫情影响了企业的运营方式，使很多原本可能要再花 5 年或 10 年才能上网的人，快速学会了上网。包括企业的线上化速度也极大提高了，而需求侧经济下行已成事实。经济下行带来了消费结构的转变，一方面是消费下行，一方面很多人已经养成了消费升级的习惯，结果便是"Z 世代"的口红效应。消费结构的改变，在线消费市场的下沉，导致了消费倾向的变化。在线化造就了媒体电商领域，比如小红书、得物等 APP 出现消费主义分离的状况。

对应地，也可以找到收益较好的领域。比如在线教育，我觉得它甚至是能够反周期甚至抗周期的一个领域。一个做公务员的朋友曾经流露出转行互联网的意愿，我告诉他可以做办公协同类的工作，很多政务系统已经开始做这件事，这是很大的机会。另外，信息多元化时代不只会容纳下淘宝、京东、拼多多，还会容纳得物、小红书、公路商店这样一些线上产品和线上泛娱乐化的事物。

硬科技

有些科技的自主创新非常有价值。我的大学同学中，很多是做银行金融系统的，现在这个行业最大的痛点是很多业务要国产化，这是大趋势。自身也有实现完整产业链的需求，只要做出来了，就有巨大市场，也有很多利好政策。

在"十四五"规划中，已经明确提出要培养数字化人才。对应的收益领域是硬科技，尤其是芯片制造、工业软件制造业、前沿技术数字化转型，这里面和产品经理关系最大的，极有可能是企业数字化转型。尤其做 To B 业务产品经理，一定要关注数字化转型领域，这是一个历史的潮流。比如有些企业服务的单子，一个工厂就有 700 个焊接工，每个人都可以是一个"二维码"，有很多地方可以做个体的数字化转型，这无疑是非常大的机会。

政策面产业变革

疫情的到来，使中国的医疗支出在持续增加，加之社会老龄化程度逐渐提高，国家开始有了政策调控，原本要做医疗产业化，现在则要做更多的医疗方面的重投入。在经济下行中还可以保持稳定发展的行业，就是典型的"逆周期"行业，比如在线教育，就是一个非常明确的抗周期，甚至是逆周期的行业。之所以这样说，是因为在经济变革期间，许多行业进行了产业结构化重组，势必有若干新行业及新产业机会快速崛起，而新机会在崛起的过程中又会催生大量的人才需求。并且在数字化是趋势的政策周期中，数字化人才也会"倒逼"中国从"人口红利"向"人才红利"进行跃迁。人才红利需要有更多社会化的机构参与其中，职业教育就是这里面良好的产业机会。近期国家出台了一些对职业教育利好的政策指引，这也印证了我们的判断。同时，还可以关注政策宏观面的一些信息。比如最新的人口普查的数据变化，

有两个非常明确且有指向性的结果。第一个是中国的男性人口较女性人口多出3500万。很多以"单身经济"为主体的市场机会就呈现了出来，像"一人食"的餐饮，适合"一人用"的小家电、单身公寓，还有以婚恋交友为主体的社区和服务，都有极好的行业机会。基于单身带来的"宠物经济"也开始快速发展和上行，而宠物配套的医疗、宠物食品、宠物服务，甚至宠物殡葬，都能够衍生出很多新的市场机遇。另外，随着人们对养老服务和对自身健康的高追求，保险业会成为一个重要的增长点。从世界范围看，美国和日本都是在人均收入水平达到一定标准之后，保险行业突飞猛进。随着我国经济的飞速发展，国家在社会性保险和养老等相关政策上，也会不断出现政策性扶持，这些产业都是在政策面上出现的机遇与变革。

降本增效与逆周期行业整合

降本增效和自动化有关。现在国内很多企业服务，也就是To B的业务，在同样的发展进程中，和国外相比仍有差距。由此来看，国内企业服务行业的发展空间巨大。企业服务领域的多个赛道，即人力资源企业服务、财税工法企业服务、协同办公企业服务、ERP（企业资源计划系统）企业服务、营销与销售企业服务、数字中台企业服务、数据与智能企业服务、采购供应企业服务、开发与技术企业服务、云基础资源企业服务等，几乎都有实现亿级产值的机会。企业面临着很多降本增效的压力，我们可以多关注自动化和效率提升。总之，企业在数字化转型的过程中，存在巨大的机会。

经济越下行，那些逆周期板块反而越好。供应量后端的市场会整体出现

萎缩的状况,因为行情再往下走,中小企业在这样的竞争格局中,有一些会直接退市,对很多小企业来说,可能是灭顶之灾,但背后会出现头部企业的整合机会。头部企业的发展历程有一个特点:行情不好的时候,好的企业会通过大规模收购真正强大起来。所以这是头部企业的机会,不是小企业的机会。对应的收益领域是在线教育、供应链和物流,这些都是典型的逆周期和抗周期行业。

逆周期流动性

这里面有一些金融概念,逆周期 M2 货币流动性增加,受益领域并不均衡。因为货币流动性,关乎国家会把战略资产投入到哪个行业。如果你关注市场,会发现科创板还有深创板是注册制。政策导向呈现去全球化的状态,变成自主可控,对应的收益领域有在线类,还有技术类的业态。特别建议大家关注、参与这些行业。

在"去全球化"的业态中,银行和金融领域还在大范围地使用着国外品牌的数据库和服务器,在转为使用国产数据库和服务器的路上,还有许多待攻克的技术难点。但是从商业的角度讲("确定性"是商业最宝贵的导向),一旦出现能替代国外产品的"确定性"国产产品,即便性能低于同类产品,只要功能满足需求,就能够得到相应的订单。所以企业服务、私有云、工业设计类软件、数据库安防体系、操作系统等领域都有极其明确的市场需求和市场容量。对市场的把控,就像写"无命题作文""半命题作文"和"命题作文"。命题作文是只要你做得到,就一定能有收益。半命题作文往往有政策导向作参考,例如职业在线教育就是可以得到市场青睐的行业。而无命题作文尚且处在市场空白中，需要大量的"试错成本"。基于此，可以多了解国企和央企在IT系统技术中需要进行什么样的改造、升级和国产化变化。在技术驱动型的企业之中，在自主可控的国有替代化领域，有着极其明确的"确定性"，甚至是"高确定性"的市场机会，蕴藏的潜力不容小觑。

另外，在移动互联网时代，新一代年轻消费群体中又有哪些机遇？下一章我们不妨看看当下年轻族群的消费新特点。

Z世代诞生的新机会——如何利用潜在用户需求撬动行业机遇

什么是Z世代

Z世代意指在1995~2009年间出生的人。这类人群几乎从刚懂事开始,就在使用互联网了,操作行为和思维方式都和现在的移动互联网密切相关。因此这个群体也被称为"互联网原住民"。截至2020年11月,Z世代——我国95后和00后的活跃用户规模达到3.2亿,月人均互联网使用时长174.9小时,活跃用户的规模占全网的28.1%,且还在持续攀升。

如上图所示，和 80 后、90 后相较，Z 世代人群更愿意花钱且更能花钱。因为大多数 Z 世代的家庭背景相对来讲比较富足，童年没有关于物质匮乏的记忆，所以他们的消费意愿和消费能力都比以前的消费群体高出很多（见下图）。这类人群对明星、动漫和游戏都极感兴趣，线上中高消费能力不容小觑。同时对能够给自己带来愉悦感的事物有更高的追求，执着于个性表达，这是新一代年轻消费群体最大的特质。

Z 世代用户的使用习惯

从月均使用时长和 APP 数量来看，全网用户月均使用时长为 140 小时，Z 世代人群则高达 174.9 小时，全网用户使用的 APP 个数是 25 个，Z 世代人群为是 30 个。这些数据直接表明：由于 Z 世代是移动互联网的原住民，他们更愿意也更习惯使用互联网平台做事情。

由 Z 世代需求把握岗位机会

从泡泡玛特上市,到如今"万物皆可盲盒"现象,我们瞥见了 Z 世代人群消费喜好的一角。这里面除了跨界融合、泛娱乐、联动的基本逻辑,还有很重要的东西——时代背景、文化自信。如今国潮复兴的状态,亦是文化产业的时代使命。2016 年,文化产业增加值只有 3.1 万亿元,2018 年增加到 4.1 万亿元,年平均增幅 15%,占全国 GDP 的比重从 4.14% 增加到 4.48%,文化产业在国民经济中的比重越来越高。

一、游戏

国产游戏行业近几年势头良好,比如充满东方韵味的魔幻史诗《黑神话:悟空》,之前仅仅是放出预告片,就让所有游戏博主看到这款产品超越时代的潜力。再看一家重庆的小公司"柚子猫",做了一款沙盒建造类游戏——《戴森球计划》,该游戏内容涵盖玩转太空、自动化工厂、冒险、探索等科幻元素。五个人的制作团队,70 元的定价,玩家好评如潮。这就是如今中国文化输出的一个特征,不止有几千年的文化积累,还有先进的技术和理念。

《戴森球计划》对用户的规划能力和项目管理能力帮助极大。也特别符合中国人的性格特点,里面没有怪兽系统,没有战争侵略,只有勤劳踏实地建设,把所有自动化生产线铺满整个星系,非常有意思。文化产业提质升级到极致,逐渐形成了国内国际双循环的方式。再比如,泡泡玛特在 30 多个国家开店,《阴阳师》原本为日本市场打造,却一跃成为世界级游戏符号,游戏类

产品源源不断地向亚洲、欧洲等市场铺货。在这个背景下，还会出现什么样的机遇？

二、电竞

谈到游戏，另外一个行业——电竞，或将在近两年内迎来超级机遇，这是政策变化和环境变化所引发的。电竞先是进入了亚运会的赛场，"名分"这个问题被彻底解决。英雄联盟全球总决赛微博阅读量近一亿人次。国际奥委会也在认真讨论电竞项目进入奥运会的可能性。电竞的趋势和特点是年轻化、饭圈化和女性化。这个板块看上去是体育运动，是赛事，实则是文娱，是偶像，是爱豆，是男团的体系，因而备受Z世代群体欢迎。试想一个会打电竞的明星，能给大家带来多大的想象空间。

三、国产文创 IP

2021年，《你好，李焕英》票房挤进中国影史前三，尤其在整个春节期间在国内形成惊人的文化产业收入体量，并在全球上映。同为中国影史票房前三的《哪吒之魔童降世》，曾入选奥斯卡最佳动画。我们可以看到，越来越多的国产文娱作品在国内形成良好的内循环之后，变成若干个文化符号走向了世界。

这个时期，国产IP的发展势头有目共睹，并开始向序列化方向发展。《哪吒之魔童降世》《西游记之大圣归来》《姜子牙》等内容的良莠不齐撇开不提，中国的国产神话类IP已初现端倪；《唐人街探案3》的口碑虽然褒贬不一，但是《唐人街探案》系列电影讲了中国式的福尔摩斯的故事，导演无疑有做出类似漫威公司一个系列宇宙电影的雄心；《刺杀小说家》最后的画面

里,出现了"小说家宇宙"的字眼。什么是宇宙?宇宙要有完整的内容阵列结构,在创造宇宙的过程中打造足够多的序列。漫威宇宙被无数人做解读,其中不乏有人说如果自己手握DC的版图,会做出辉煌灿烂的作品。早些年我们苦于没有IP,但是这条路走出来之后,大家都能把这件事玩出花来,所以说中国文创特别厉害,当别人尝试成功了一种玩法,一套产品/市场契合点(PMF),立刻就能效仿,能力太强大了。

Z世代诞生的新机会有很多,其中国货崛起有着很明显的时代特性,是本次消费升级中的"明星"。我将在下一章中以国潮复兴为聚焦点,为读者分析时下热门的新潮产品。

消费升级与国货崛起——从国潮复兴看新时代的新物种

新中国诞生以来的三次消费升级

消费升级,近两三年被谈及得非常多。消费升级不是指买一件昂贵的奢侈品,参加一场高消费的晚餐,而是居民消费结构的升级,是各类消费支出的结构升级和层次提高,同时它也不是最近刚刚发生的事情,我们正在经历的是新中国诞生以来第三次消费升级。

一、第一次消费升级

20世纪70年代末到80年代初,粮食消费下降,轻工消费上升。中国解决了温饱问题,最显著的特点是中国人摆脱了棕黑蓝白的服装颜色,穿上姹紫嫣红的小衬衫了。第一次消费升级对我国轻工、纺织产品的生产起到了良好的推动作用。

二、第二次消费升级

20世纪80年代末到90年代末,家用电器消费快速增加,耐用消费品向着高端化发展。中国人有家用电器了，冰箱、电视、洗衣机是结婚三大件，一些日资品牌开始出现。人们对家用电器使用需求的日益增长，助推了我国电子、钢铁、机械制造业等领域的发展，带动了第二轮经济增长。

三、第三次消费升级

此时此刻我们正在经历第三次消费升级。这次消费升级的特点，在于人们对奢侈品的消费欲望降低，而对娱乐、文化、交通、医疗保健、住宅旅游等需求提升。回忆我小的时候，人们对工业制成品有近于执迷的追求。火柴盒上的贴画，又称"火花"，像集邮一样地集起来；另外还有"烟标"，等父亲抽完烟，我要把烟盒收集起来，当作珍贵的艺术品收藏；当时我们对城市里的烟囱有强烈的向往，那些代表的是中国正在向着"四个现代化"发展，那是工业化，是"我们工人有力量"，是时代的社会图腾。如今我们向往着匠人匠心，手工制作，向往着中国文化的复兴。困扰人们的不再是要不要买，而是为什么要买，物品能带来什么生活品质，能彰显什么标签，带来什么情感体验，彰显什么样的人格魅力，这也是国产IP在当下成为爆款抓手的原因。

文化母体

很多人认为产品的优胜劣汰在于性价比和功能的较量，其实不一定。性价比和功能的考量对于一部分产品来说，已不再是消费者第一位的需求。拿JK制服和汉服来说，它们是社区的"接头暗号"。现在很多小伙子，小姑娘穿着汉服，便拥有了这个社群（某个社团）的入门钥匙，在这个状态下，文

化符号和社群传播,都更能影响消费者的心智。我们寻找产品的文化客体,也就成了打造产品定位和推广的核心要素。

新时代下的国货崛起

有一个很有意思的现象,当今各类消费榜单中,多种国货的销量位居前列,其中彩妆排第一的是花西子,饮用水预售榜单排第一的是元气森林。

花西子为什么行?渠道、价格、配方、颜色?很多人在做产品设计和运营的时候,往往把自己陷在产品或者商品思维上,很难全面地看到整个事物的全貌。不妨看看消费者心智的变化和 IP 的变化是什么。巴黎欧莱雅是大众耳熟能详的品牌,代表一种文化符号,20 世纪 90 年代的中国人希望有一个洋品牌来加持消费水平,在那个时候推国货大抵是不行的,所以前者能够很快进入中国消费者的高端化妆品行列。如今花西子,完完全全主打中国风,整个色调和审美都是中国风,捕获了一众消费群体。时势造英雄,在每一个历史的瞬间,都要做符合那个特定阶段的事情,符合历史的大潮,款就"爆"起来了。

元气森林在国内的品牌热度超越可口可乐,其特点是采用了经典日式设计,用户人群定位选择的也非常准确。什么人群会喜欢无糖但有果味的小清新气泡水?年轻女性。元气森林不仅和可口可乐是竞争关系,也抢占了一部分奶茶市场。当一个女生想喝点饮料,又想兼顾健康的时候,便会选择元气森林。"无糖"成为它一个很重要的卖点。在轻食和健身成为新潮流之际,不妨顺其势而为,做一款以女性为主题的,走小清新路线的IP,从用户的需求和趋势的角度考虑,这并不是一个错误的决定。

元气森林还有很多决策做得非常对。第一,用了白色的瓶子,白色瓶子给人轻盈的感觉,市场上白色瓶子在饮用水的售卖柜里相对较少,所以其产品外观吸引眼球。有报告称,只要货柜里的东西能让人接触,最后买下它的概率将提高50%,同时越是容易售出的商品,商店、超市的渠道越乐于将其放在显眼的售卖位置,又是一个正向循环的模型。另外瓶型设计有亮点。第二,味道的选择更有特点,糖份程度刚刚好,甚至让消费者觉得喝了之后体重也会轻。同时,元气森林也把日式IP向中国IP不断过渡,也是顺应时代大潮的一个基本逻辑。

此外，很多中式的装饰、首饰、文创用品广受市场欢迎。比如儿时IP"大白兔"和各种东西联名，包括香水、雪糕等。通过PEST分析法，真正行业级的变化，最后都是由政治、经济、社会、技术四个抓手进行系统性的推动，共同构成整个行业巨大的变革。

中篇：

立地——产品篇

生态位变迁与产品形态发展——从"114"这样的超级入口，读懂企业生态位

产品和信息

"1"字打头的短拨号码，如"119""110""120"，广为人知，在人民生产生活中发挥着重要作用。其中"114"就是"固话时代"的超级产品。过去拿电话拨打114可以查询号码，进行各类信息连接，可以说是电话版的信息搜索入口。

但从2011年起,"114"查号台这个现象级产品逐渐被边缘化,甚至消失在大众的视野之中。作为一个具有代表性的时代产物,它是如何沦落到现今这个地步,中间又经历了什么?本章将通过介绍"114"查号台这个产品的发展,来梳理中国互联网时代的变迁历程。

一、产品,解决者和连接者

产品有三大属性,一是能够在市场交易,二是被人们使用和消费,三是在前两者基础上满足人们某种需求。产品包括有形的产品、无形的服务、组织、观念或者它们的组合。把产品的第三个标准再延伸一下,产品的重点在于满足用户的使用需求,这个"满足"的本质是对于问题的解决方式:你有一个问题,我需要用一个产品的方法让你满足。目标用户没有被充分服务到的需求,通过我的产品被满足了,这就是产品的BMI(Business Model Innovation,商业模式创新)。

二、产品的分类

基于对用户需求的解决,把产品分为两种。

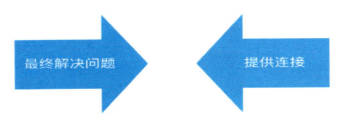

第一种,这个产品最终解决问题;第二种,产品可以提供一种连接方式。这两种产品最终都指向解决问题。为什么说是最终解决问题?比如帽子,它解决什么样的问题呢?

夏天天气太热,太阳晒得头疼;冬天天气太冷,风吹得头很凉。所以帽子是解决问题的方案。还有一类产品是提供连接方式的,去哪里购买帽子?购买行为又是在哪里发生的?线下服装店可以提供连接。如果是网购,那么网购平台在这个过程中也提供了一个连接,这类产品都属于提供一种连接的产品。

三、提供集中式连接点

对于提供连接的产品,有两种不同的状态区别。一种是以单一的服装店、单一的餐馆为联系的连接点;另外一种更加集中的连接点,是城市的购物中心,农村的大集市。

一群人拿着各种各样的商品，在同一个地方或同一个时间汇聚，形成一个交易的场，这里面就提供了集中式的连接点。而这种集中式连接点又带来了降低交易的"撮合成本"。（商业行为当中一个追求利益最大化的概念，因为集聚效应使得卖家和买家能够达到利用的平衡点。比如百货商场，因为商品积聚带来了大量的客流量，相对应的客流量增加以后，就会吸引更多的店铺开店，更多的产品上架）互联网产品也有上述"解决问题"和"连接者"的差别。比如说墨迹天气APP，就是给用户提供解决方案的，它每天给用户推送某个城市的天气，根据不同的设置，用户可以查询所在城市的天气状况，并根据天气情况做适当的出行安排等。

中篇：立地——产品篇 | 37

查天气,不需要蹲守电视台的天气预报,一个天气预报的 APP 提供了我们所需要的实时信息。那么"连接者"又有哪些呢？连接者就是提供这些 APP 的应用商城,这就是解决者和连接者的区别。

四、信息链接和 114

上面说了产品的两种分类,解决者往往是在单点上完成了产品交付,而连接者是要连出来一条线。还拿帽子来举例,它用来解决是"头上"的一些问题,帽子的生产企业用生产这个单点产品去进行交付；而连接者,往往是在一条线上,从帽子的设计、原材料采购、成品生产等方面去构建连接的,并且可能通过规模化效用,实现从"线"到"面"的一整套解决方案,最后构成了生态位。而"114"查号台曾经就是这样一款形成了信息生态位的产品,它解决了人们信息链接的问题。信息传递贯穿人类历史,比如古典时代的信息集大成者——亚历山大图书馆,这座图书馆是一个超级整合者,它把所有的伊索寓言、荷马史诗集中在一起,变成了人类信息集成者,闪耀在人类发展历史上。

到了现代,信息解决者是记者和作家。作家写书,看到一个故事把它写下来,这是时代中的信息解决者。时代信息的连接者变成了报纸和出版社,它们是通过对内容的采编,再做分发,最终形成了独特的社会价值。"114"就是近现代的信息连接者,它提供职业化的信息连接,连接之后再做分发。

114 是款超级产品

一、提供了一个超级场景（电话机）的解决方案

"114"兴起的时候,正赶上每家每户开始有电话的时候。那时,人和人

有了时效性和准确性的连接的需求，"114"恰好就提供了一个超级场景的系统性解决方案，人们可以随时用自己的电话拨打"114"，查询不同地区，不同机构的联系方式，进而解决自己的一些需求，比如订票、订餐等。

二、信息的连接者（平台化），且无边界容量

信息的连接者本质上是平台化的，所以"114"本质是一个平台产品，而且它没有真正的边界容量。在它起步的时代，报纸有版面容量，电视台有播出时长的容量，而"114"在那样一个"前互联网时代"，就已经做到没有容量边界，它可以用不可计数的信息，链接无数的人群，这是一件非常了不起的事。

三、网络协同效应的持续提升（入网电话越多，114的价值越大）

人类第一台电话机超级昂贵并且没有价值，到了第二台电话机，它的费用依然很贵，但它可以打给第一台电话机，这个过程就拥有了价值。这些电话机给我们的信息网络增加了一个个节点，同时，这个网络系统又能够被节点所使用，这就是网络协同效应。入网电话的增多，会使"114"能够查阅到的电话号码和网络节点也增多，而节点的增多，又使得超级场景的使用频次和使用可能性越发增高，最终实现一个巨大的协同网络，而"114"在这个网络当中，本质上占据了一个无边界的超级端口。

互联产品与信息发展

一、连接者-导航网站

每个时代都有属于自己的"114"。互联网行业的"114",首先是导航网站,这是在 Web 时代十分神奇的产品。

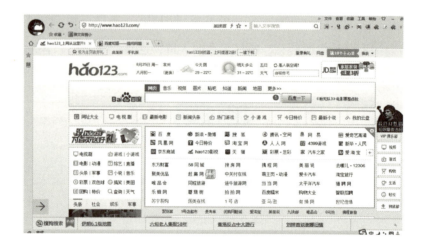

在那个时代,记网址是一件成本高昂的事儿,人们记错的概率很高,而有了导航网站后,用户不用键盘,只需要一个鼠标,就能进入目标网站。当年"hao123"只有一个页面,虽然页面的设计很糟糕,风格很简陋,但是它发展速度很快,最后被百度收购。

二、连接者-门户网站

到互联网的第二个时代,新闻门户网站起到一个重要的信息集成者的作用。

新闻门户网站的阅读体验明显要比报纸好：它提供比报纸更加丰富的内容、比报纸更有时效的消息，这就是它们能够打败传统报业的一个基本的逻辑。

三、连接者-搜索引擎

到第三个时代，搜索行为变成了一种信息连接的方式。而在以前，无论是导航网站，还是门户网站，都不能够解决用户需要什么的问题。

搜索引擎则提供了解决的方式。比如，用户想通过询问别人，解决电脑软件安装的问题，本质上是希望可以利用某个技术员思维结构中的搜索功能，得到一个个性化的答案。这件事就非常有意思了，因为在一个门户网站中，有没有你想要的东西，是不确定的，即便有，需要有大量寻找的过程，最后用户还未必能找到精准解决问题的方案。但是，搜索引擎就能解决这个问题，它可以在浩如烟海的信息库中，根据用户的搜索需求，筛选出用户想要的信息，所以搜索引擎本质上是一种个性化处理问题的方式。

四、连接者-APP

APP 和一般的信息处理方式是不一样的。

正常情况下我们看一条新闻，看完就完了，用过即弃，用完即走。

但上图的这些 APP 不一样，它们是管道，是信息连续性的解决方式，也是系统的解决方案。APP 重新构建了商家和消费者的关系，可以让两者实现长连接、深发展的关系。

五、114 的没落和信息系统的发展逻辑

原本我们对信息的需求，是通过看书看电视来满足的，这些产品业务结构是中心化的，并且是超级中心化。到了报纸、自由撰稿人时代，信息的发展已经向"去中心化"发展，这时每个人都可以参与到信息的连接中来，并且这种连接不是一个完全中心化的过程。

到了当下这个时代，博客、up 主这些自媒体，已经不是"去中心化"组织了，而是一个自组和业态化的组织，每个人都是生活的导演，每个人都可以参与到对社会的信息需求当中，人们越来越不满足只做信息的接收者，而是作为信息的生产者参与到信息的生产环节之中。这也是短视频领域逐渐强盛的原因。借助短视频，信息的需求正在向着更高实时性、更强个性化、更加碎片化的方向发展。这个过程，普通人是有很高的参与性的。

互联网行业发展到现在，曾经的信息连接巨头"114"为何逐渐没落？就是因为它的业务逻辑并不符合当下社会的需求。它的实时性很差，个性化又很难实现，虽然用户可以通过电话来确定想要的东西，但平台提供的信息密度很低，并且用户也没有办法直接参与到整个业务平台中。在这里，我们可以用 Gartner 曲线看一下行业周期，用理论结合实际情况来分析具体的行业现象。

这个时代一直在变化，电视打败了报纸，是因为电视的信息密度更高了。自媒体生态蓬勃发展，是因为它的参与性、个性化、实时性更好，碎片化也很棒。那为什么百度慢慢没落了？其实是因为它的碎片化不够，参与性又差一点。所以，我们在看待一个产品的兴起、发展、繁荣、没落的过程当中，一定要理解这些产品的底层逻辑。哪怕强如 114 这类入口级的、拥有电信运

营商级别资源的产品，也已经没落在时间洪流之中。无数产品从兴盛到衰败也不过是几年时间，"百年老店""基业长青"变得越发困难。产品的失败并不是产品本身做错了什么，而是时代在不断地发生着变化。那我们应该用什么样的思考方式，才能站在更高维度上，找到进入下一个成功曲线的关键路径呢？我认为最重要的是从产品和企业的生态位置进行思考，而不只是聚焦于产品形态。"BAT"（百度、阿里巴巴、腾讯）分别满足了基于人口及用户分布的需求，进而在这些需求上才构建出企业本体的生态位置。用户在需求上的消费升级，都只不过是在基础生态位的表层进行满足和适配的有效方法，也是产品升级的手段。拿爱奇艺会员来说，这种内容付费的方式，早在几千年前就存在了，从茶馆到戏院和电影院，皆需购票才能观看节目，到互联网时代，无一例外都在重复这类商业模式。互联网也好，AI也好，并不能带来新的用户需求，带来的是用户需求和商业模式更高效的一种交付方式。所以，基于底层逻辑思考产品的生态位置，基于最新技术变革来设计的新产品形态，才是我们不断战胜时间，不断打造新的核心竞争优势的不二法门。

一个健康且有前景的企业，如果不能在生态位变迁与产品形态发展中找到平衡点，那无疑是一场灾难。在下一章中，笔者将详细解读教育界曾经的头部企业"学霸君"是如何被时代浪潮所抛弃的。

人效生意与规模化产出——
风靡一时的"学霸君 1v1"
为什么走向了末路

在 2020 年年底到 2021 年年初，曾经叱咤风云的一款 K12 一对一业务软件"学霸君"轰然倒下，突如其来的"爆雷"让家长维权困难，招致不少人极大的反感。学霸君在倒下之前，已经很久没有发出自己的声音和信号了。看到它今刻的沉寂，一定别忘了去看它的彼时彼刻。同时也可以进行一些衍生的思考，我们做一个产品，应该从什么样的角度进行尝试。成本结构如何去解决？在线教育的最优解是什么？

学霸君的起落

作为 K12 赛道上重要的成员，2013 年学霸君诞生，7 年后轰然倒下。这些年，学霸君的主要业务有搭建初中高中题库，包括拍照答题、老师答疑、英语翻译和错题本，功能很多，有些技术也非常强。某年，学霸君找了各个省的高考状元和他们研发的人工智能 AI 共同答高考卷，机器答出来的平均分数是 134 分，而高考状元得了 135 分。AI 的答题时间只有 22 分钟，技术很牛。原本的融资也很顺利，7 年时间内融了 1.5 亿美元，差不多 10 亿元人民币。

2017年，学霸君最后一轮融资，C轮融了1亿美元。下面是它的故事。

学霸君的老板张凯磊生于1984年，上海人。20岁的时候在南开大学读书，大二时他办了一个暑期补习班，一个暑假，他个人赚了80万，连续两年营收过亿。如此年轻，便拿到人生的第一桶金，实现财富自由。到了2008年，张凯磊进入金融行业。4年之后，从这个行业中辞职，切入在线教育领域。2013年学霸君APP正式投入市场。2014年3月获得500万美元的A轮融资，2014年之后又上线了新产品，亮点是以工具做切入点。获客最简单的方法是"工具"，工具是解决用户需求最短的路径。这个新产品的用户量很快便破百万。

2015年6月，学霸君直接获得B轮5000万美元的融资，用户量达到3000万量级。2016年，学霸君从上海迁到北京，北京是在线教育人才最密集的城市。2017年，学霸君开始形成了有效营收，主体业务是一对一，通过技术做了大量的AI机器人。2017年中期，学霸君上线了AI教学，2018年6月，一对一的业务营收破亿，续约率达到87%。

之后沉寂两年，再听到声音的时候，却是学霸君2020年底倒闭的消息。很多家长反馈，从2020年开始，退费变得异常困难，1月份发出退费申请，到了年底还没退成。学霸君官方在2020年12月19号下发通知，称2021年将全面提升授课质量，元旦之后价格上调，已经购买的课程，不用补差价，这波操作有点像做最后的"垂死挣扎"，但最后还是"死"掉了。

为什么学霸君会倒下？

一定要从产品的导向中看到更多的思路。有款叫"学霸一对一"的产品，和学霸君名字相似，当年有点儿蹭学霸君热度的意思。学霸一对一2018年就停止了运营。这家企业背后真正的投资公司是掌门一对一，哪怕是掌门一对一，现在也不做一对一的事了。猿辅导在2019年初就关停了一对一，直接押注大班课。再说VIPKID，当年也是风起云涌、浪潮之巅的产品。现在被猿辅导收购了，后来盈利率高的原因，是推出了一款叫大米网校的产品。这是一个大班课的品牌，拿着大班课的利润去补贴一对一的巨大亏空。

胜者为王，现在还剩谁？我认为在培训领域赛道上真正的竞争者只剩4家：猿辅导、作业帮、学而思、跟谁学。到了产业的后半段，出现增长泡沫的时候，谁能融到资，谁活下来。如果融不到资，自身就要有"造血能力"，做成一个正向现金流的生意。

在线一对一、在线小班、在线大班三种业务逻辑最大的差别，做产品分析的时候，需要从它的排班难度、成本结构、口碑宣传和教学体验4个维度思考，看一下到底谁的综合效果好。做产品核心点是什么？是用户体验要做到极致吗？这是一个伪命题，极致的用户体验背后，要思考公司到底有没有能力去支撑极致的用户体验。

一个产品如果不能满足自身的造血能力，本身有着若干先天缺陷，就压根不可能发展起来。在线一对一这种模式，它的排班难度是最低的，用户的体验是好的，可以随时约老师上课。而在线小班10～50人，排班难度最大，要凑齐人数，人数不够不开班，组班排课的复杂度极高。第三种是大班课，大班课的排班难度比较低，每月一定会开班，人够多。从成本结构的角度看，在线一对一这种方式成本最高。优势是可以随时预约老师上课，且学习效率高。劣势则是师资成本太高，导致它的毛利率薄，口碑宣传的效果又很弱。如果找很多老师，再找到相关平台，实现平台化的运作，一定要有大量的老

师才能满足大量的学生。如何规范每个人的声音，每个人的气质，授课的节奏，包括线上线下各种不同的行为？人是不可控的，对大量的老师去做品控，难度太大。而在线小班和在线大班，都有成本结构优化的可能性，因为一个人能够覆盖很多人，大班课能覆盖的就更多了。

从口碑宣传的角度来说，在线一对一用户量少，导致口碑传播的范围相对小。即使真正找到一个好老师，可能也不想做宣传，因为如果把这个老师宣传多了，老师会涨价，或者很难约到课。在线的小班课和大班课，上课人数在数量上有优势，因此容易形成传播。教学体验这一块，高互动，当然是在线一对一更好，这是必然的事。在线小班互动性是居于一对一与在线大班两者之间的。最差的体验一定是在线大班，但是成本结构和价值结构完全不同，这就是它们的差异。

学霸君倒下的关键原因在于什么？

一、K12 在线教育已经形成了非常明显的马太效应

任何一个行业，尤其是在互联网端，大家都希望形成马太效应。我之前在爱奇艺工作的时候，所有在线视频都期待自己能做到垄断级别，拥有定价权和品牌议价能力，获客成本也会低。当某个行业已经形成马太效应，钱都会往头部流。猿辅导、学而思、跟谁学，它们占据用户的心智，拥有品牌的优势，所有的资本都往这边去了。

二、在线教育行业获客成本极高

整个在线教育行业，尤其 K12，获客成本十分高昂。一对一的毛利很低，

导致公司营收很低。如果是行业头部公司，营销又一直在"烧钱"，现金流就不健康。也有一些平台，没办法养那么多老师，就找兼职老师，教学质量完全没保障。

平台的应用爆发期可谓是百舸争流，包括像轻轻家教这类小品牌快速涌现，之后进入增长泡沫期。在应用爆发期，所有的资本砸在一个赛道上，供过于求，市场的整体趋势也在赛马。腾讯也是用一种类似于投资人的方法去投多个团队，找到一支最好的，即"社会达尔文"，投若干个团队，活下来少量团队，价值度也就筛选出来了。学霸君就是在这个阶段死掉的。

再说回在线教育的利润，一对一的毛利率在40%以下，小班课是50%，而大班课有60%~80%。类似的业务，一对一和大班课挣钱的能力却差一倍。另外在线教育极其依赖广告的宣传，不少人看到公众号的文章，或者朋友圈的推文，然后报课。让消费者"眼熟"，才有可能被选择。教育不是娱乐，它是一个被动选择，是某一时刻，有人告诉你，需要做这件事了，才有可能为此投入时间和钱。2019年至今，猿辅导、作业帮、学而思这三大公司，几乎垄断了市面上所有能买到的广告位，中小公司几乎没有广告位可买，广告的价格已经涨到买不起的地步了。

K12和成人教育差别很大，用户模型也有差别，即使用者和付费者分离，而成人教育的使用者和付费者是统一的，这是质的差别。做K12，要同时照顾到家长和孩子双边的体验。做在线职业成人教育，只要照顾学员本人就可以了。在营销上，一对一和大班课推广的成本是一样的，不会因为是一对一，广告公司收费就便宜。在转化效果上，一对一有一定的优势。但在营收上，一对一的毛利只有别人的1/2，推荐效能也差一大截，即便转化率高一倍，也差数十倍的势能。长此以往，一对一怎么活？在线一对一特别像"网约车"，

只要车别太脏，只要驾驶的时候别绕路，体验就不会太差，总之体验的需求点是低的，这是"网约车"的特点，所以它可以用大量的劳动力红利解决"活下来"这件事。做在线教育则不同，孩子不喜欢老师，那"喜欢"怎么定义？怎么标准化？是不喜欢老师的长相、声音，还是不喜欢整个人的气场？最后的交付结果不可控。所有买 K12 课程的家长，含辛茹苦打工换来的钱，为的是让孩子成绩提高，成绩提高不是一个确定性的东西，效果不可控，个性化偏好不可控。好不容易找到一个自己孩子喜欢的好老师，发现排不到课了，可谓问题多多。

三、教育行业的"不可能三角"

不可能三角，指的是资本的自由流动、汇率稳定、货币政策独立，这三者不可能同时发生，最多只能有两者并存。要想资本自由流动并且汇率稳定，货币政策就不可能独立。生活中常见的一些不可能三角，其实就是质量、成本和时间，这三件事儿不可能全占了。一个东西便宜，又要质量好，那时间成本一定高。换一个角度，如果在很短的时间内就要一个产品，还要质量好，那么价格肯定高。明天就要，还得便宜，那质量一定差。不可能三角由此而来。

我曾经帮某企业做定位，它是一个语音陪聊的游戏类产品，痛点在于平台上很多主播的照片是假的，老板问能不能解决这个事，我说这是一个不可能三角，没法解决，为什么？如果主播打游戏很强，且会聊天，长得还很好看，他就不在这儿了，他应该去做什么？他可以成为一个电竞大主播，一对多的关系，比一对一的挣钱效率高太多。而这个平台压根就不具备培养这种主播的优势，这件事不成立。

多快好省是一个愿景，一件事如果成为口号，很大程度上是大家的愿望。所以在教育产品上依然会出现经典的"不可能三角"。一对一的课程不可能有名师，甚至好点的老师都没有。名师一对一能不能做咨询服务？能，但费用昂贵。在线一对一极可能就是伪命题，既然它是伪命题，最优解是什么？

在线教育的最优解

一、在线教育细分结构

在一个不断增长的产业规模下，我认为在线教育这件事非常值得做。先看一下产业细分结构，低幼教育和K12教育，尤其是低幼级素质教育的占比一年比一年高，而成人职业教育和语言类教育占比则一年比一年低。并不是说这个板块的发展在下降，而是由于低幼和K12的学科教育的量级变得非常之高了，增速太快，导致其他类别似乎有些"相形见绌"。

当我们看到了一个行业的发展趋势并希望投身其中,接下来便是了解行业属性了。首先是服务由轻到重,从原本的一个简单的直播教学,到后来的答疑辅导,到制作学习工具,甚至现在还出现了很多平台化的一些内容,从连接的工具到核心的场景,反映了用户真正深度的需求。比如在线编程教育,在学员学习 Python 的过程中,通过在线的工具,像玩游戏一样学习编程技能,不再局限于通过观看直播完成课程学习。在这个过程中,科技工具的参与度越来越"深"和"重"。从简单的学习管理,到测评辅助和认知思考,再到整体的教学产品化,这是在线教育非常明确的发展特点。

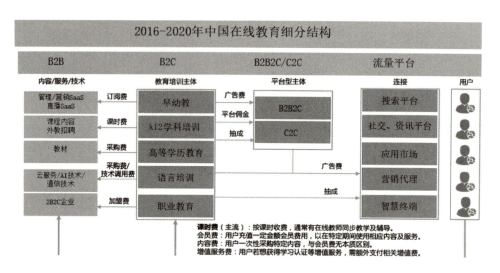

在这个特点之下,它的结构还可以继续细化,出现了基于企业营销端去做获客模型的方式,比如"先进校再获客"的一套体系,所以流量连接性的平台,智能化的获客引擎,用户的接入链接,都可能是在细分结构中我们有机会去参与的部分。包括做营销 SaaS、管理 SaaS,以及帮助各个传统的学校实施在线化转型,都有不错的机会。(SaaS 平台是运营 SaaS 软件的平台,由 SaaS 提供商为企业搭建信息化所需要的所有网络基础设施及软件、硬件运作平台，并负责所有前期的实施、后期的维护等一系列服务，企业无须购买软硬件、建设机房、招聘IT人员，即可通过互联网使用信息系统）

所以大家有意投身到某一个行业的时候，一定要深度思考这个板块的行业规模、市场变化、容量结构、企业的资源禀赋等。巴菲特说过一句话，"人生就像滚雪球，最重要的是发现湿雪和长长的山坡。"另外，课外培训也有着上千亿乃至将近万亿级别的市场规模。通过拆解其中头部企业的商业模式发展规律，可以发现它们的获客方式和变现端其实是有差别的。

（1）获客方式

学而思、掌门一对一等产品的核心业务模式，都是由大规模市场投放来做主导，通过强势的品牌投入带来市场的流量红利。如果没有强势的品牌效应，则要依赖越来越多裂变营销的方法。变现端通过传统的班课来实现，例如一对一通过向大班小班课转型的方法，来实现最终的交付成果。另外一些产品，比如作业帮、小猿搜题，是通过To C的工具应用切入市场，从而积累大量的用户数据和流量。

（2）教具盈利占比

这里以进校类产品为例，它们用教具打开产品的渠道，渠道是核心目标，而教具占比其实不重要。所以要考虑产业链的一些细分状况，了解整个业务的供给侧、连接侧、需求侧，在混沌商学院里有一个很经典的模型称为供需链，可以分析出供需和连接的桥梁。

如下图所示，在打开渠道的过程中，从管理的工具和入校教师的培训系统，再从教材、教辅、题库、课程内容等入手，单独做内容，后期再把内容结合产品，做测评做练习。例如现在腾讯的在线自习室，就有可能成为一种可以实现的产品化的玩法。整个过程配合技术，从在线小班到OMO的模式，再到 AI 的互动课，提高效率。

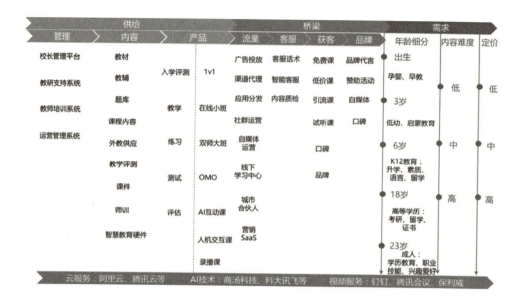

二、对互联网教育行业的看法与建议

综上所述，当你想进入在线教育行业时，要思考这个行业真正的特点，以及这个行业的产品核心的要素。最后说说我的看法及建议。

（1）互联网的模式是做重而不是做轻

教育对结果有非常明确的需求。如果只是讲课，那是知识付费而不是教育。互联网教育产品一定是为结果负责的，所以要以体验和效果为最终目标。K12 作为学科教育，家长作为付费的决策人，孩子到底能不能有更好的分数，是首要考虑的要素。

（2）规模化扩张很重要

在线教育，前期的投入很高，技术要投入：做一套课程系统、做直播、做教研培训……另外，营销投入巨大，很多头部教育公司，初期都在亏损。

但为什么还有很多人愿意投身这个赛道？首先，中国人对教育有很强的心智认知——好好学习，用知识改变命运。对在线教育需求的人数多起来，企业就有了规模，盈利能力是明显高于线下企业的（线下企业的招生规模仅限于本地）。同时在线教育在规模化之后，成本和收益不是一个等比的增量关系，所以这才是大家要投身在线教育领域的原因。

（3）对产品经理的建议

在线教育需要权衡用户体验和产品收益。可以通过 AI 的方式，双师的方式，在线小班的方式，或通过老师、AI 加辅导的方式，共同把人效提高、体验提高，但成本不是线性提升的，这就是我们能做的一些真正有价值的东西。

另外，通过数据和技术驱动个性化教育不是一个可选项，而是一个必选项。技术的发展关乎着每个企业的未来，如果你加入了一家在线教育公司，发现这家公司不重视产品，不重视技术，做开发的不到 10 个人，搭了 1 个直播平台，这个公司大概率在竞争中会输，只依赖名师行不通。学而思网校的每轮业绩增长都和技术趋势有关，在技术上有积累，哪怕有一天营销链路不够好，也有被收购的机会。

除了技术和教育的高强度融合，大班教学的优势也越发凸显。跟谁学排名 Top10 教师的贡献越来越高，能够放大业务优势，也能看到机构和名师构建的利益共同体。这个模式里，有名师的包装和流量的运营，给这些名师赋能，同时不断把名师的能量赋能给更多的人。在技术上，无论是智能推送直播，还是一些 AI 辅助，都能够形成更好的落地效果。

产品经理在在线教育产品里的身份，不是真正意义上的教学内容生产者，需要关注的是获客效率转化规模等因素。你要知道你的价值体现在什么地方，

用什么样的工具和方法使得获客量增加,实现裂变增长,以及协助研发团队生产优质的后台和工具,提高老师授课和管理效率。

产品经理人除了吸取"学霸君"在人效生意与规模化产出上的经验与教训,也可以多参考线上与线下结合得很成功的产品案例。电商作为当今最成熟的互联网产业之一,无论是商业模型还是产品设计都有极强的借鉴意义。下一章会从心智锚点与产品策略等方面分析有关电商的发展脉络。

心智锚点与产品思维策略——双11的历史变革见证电商产品发展

2009年,中国电商平台第一次出现"双11",规则特别简单——11月11日当天,参加活动的商铺全部给出五折优惠。作为一个消费者,这种体验非常好。随着双11成为一年一度的购物狂欢节,各个平台的套路也越来越多。满300减40,满200减25,还做预售,还要支付尾款,11月1号前送礼品、定时红包、超级红包,红包还各不相同。这么复杂的策略,用户体验真的好吗?互联网大厂的产品经理、运营以及技术为什么要这么做?

复杂策略带来用户和企业的平衡

互联网的上半场和下半场不一样。2009年是上半场,跑马圈地,用户从菜市场购物消费,转变为到淘宝买东西。如果说上半场是盖房子、打基地,下半场则是过日子。上半场靠着产品和技术把整个业态搭起来,下半场靠运营策略维持运转。每一个复杂策略带来的是用户和企业的平衡。

企业要活着,要盈利,做的是企业化价值和用户化价值平衡点的体验。每一个复杂策略的背后,都有着真正的逻辑和目标。当年淘宝推出双 11 活动,没有专利,大家都可以做,京东也做了"618",但是不妨碍双 11 的继续生长,所有人依旧都想做双 11 活动,很多商家 11 月 9 号开始卖东西,钱到了自己兜里再打折。用户没钱了怎么办?把活动时间提前。但是越往前,用户越觉得这不是双 11 了,双 11 已经变味儿了。

一、预售和盖楼

预售,为的是让用户提前和商品产生钱的关联。

盖楼,目的则是增加用户黏性和自传播,本质上是一种游戏,且是多人互动的团队化的游戏。不光是淘宝,还有支付宝的五福、锦鲤都是形成一个小圈子。电商也好,做教育也好,获客成本非常高,拿出一点点这样的利益让渡给消费者,让他们变成企业的推广员。在京东淘宝这样的超级企业之后,拼多多之所以还能发展起来,这都是用户的黏性和自传播带来的结果。

二、店铺优惠券

店铺优惠券，能够帮助店铺建立长连接生态。一般在一家店铺购买产品之后，马上就会收到消息：收藏并关注本店铺会获得小礼品或优惠券。基本每个店铺都这样。我遇到过更巧妙的方式：在网上买完一个杯子，到货之后收到短信，对方自称是卖给我杯子的人，好意提醒我在购买的时候把优惠信息弄错了，让我多花了一点钱，最后让我加微信退款。对方态度十分诚恳，于是我加了微信，他给我发了一分钱红包，说不好意思，跟您开个玩笑，拉您进群，我们有不断打折的东西。很显然我被套路了，不过这个群我一直保留着。这背后是任何企业都希望和用户形成的一种长连接。人与人之间的关系，人与物之间的关系，都希望可以长连接，深发展。品牌的本质，是通过品质和用户的心智产生长连接。

三、价值让渡

通过价值让渡，带来企业长期业绩增产。相信很多人都收到过家人、友人发来的拼多多"砍一刀"的链接。这是拼多多运营的策略，下探市场够低，上拉企业够高。下沉市场完了之后上市，上市以后再往上走一步，用百亿补贴把这个钱赢回来。拼多多的百亿补贴直达城市里的白领，这个群体的分享能力和消费能力特别强，又是意见领袖。这是拼多多运营的策略。这些复杂策略的本质，是通过价值让渡给企业带来长期的业绩增长，不是只挣一单的生意。毕竟互联网是长连接，品牌与用户，人与人都是长连接。

双11买了什么？

一、情绪消费与内容消费

JK制服来自日本女子高中生的校服。她们的校服做得很漂亮，有青春活力。有人说JK制服是不起眼的小众事物。但是双11期间，某款JK制服裙子的单品卖了30万套。大家可能觉得一个裙子没什么了不起，就是快销品而已，我想谈的是这背后情绪消费和内容消费的差异。

以前人们买一个东西，大多会考虑适用性、性价比，这么短的裙子卖这么贵，到底能不能遮风挡雨，很多人于是陷入产品功能板块的思考。但是年轻人是未来的消费主体，我们要思考的是，他们为什么买这件商品？

按照传统思路，首先应是性价比的考量，现在一般意义上的内容消费，不再仅满足吃饱穿暖，买家想要的更多。年轻人往往会让心情来决定今天穿什么，而不是让天气决定穿什么。这也是消费升级本质的内容，要读懂年轻人的消费趋势是什么。

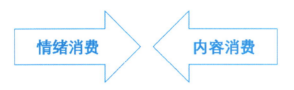

二、身份认同——分别心与标签宣誓

李宁是运动品牌，中国李宁是李宁的子品牌，是运动型潮牌，这个品牌也非常了不起。他们做的潮牌包括悟道、敦煌、夸父系列，卖的都很贵。每一种服饰穿搭的背后，都代表着年轻人要成为什么样的人。

透过现象看本质，穿衣已经不只是为了御寒蔽体，而是身份认同，这是社群的价值。人是社会性的群体，社会性的动物，我们每个人都希望自己跟别人有所差别，我们不希望混在芸芸众生里，不希望成为"Nobody"，而是想成为"Somebody"。于是，穿衣打扮成为社会认同和归属感的象征。

消费者与消费图腾

这是一个个性化和碎片化的时代,不像20世纪70年代,人们只能穿"黑灰棕蓝白"。现在大家的选择变得丰富了许多,每个人有不一样的标签,有人穿JK制服,有人穿汉服,都能得到人们的认同和尊重。我们既想和大群体区分,又想进入小圈子。想和外界产生感情呼应,又想表现出独一无二的身份标签。总而言之,每一代消费者都拥有和上一代消费者划清界限的"精神图腾"。

一、喇叭裤

20世纪70年代末到80年代初,出现了一系列时尚潮流服饰。穿喇叭裤、戴墨镜、扛一个录音机,就是一名叛逆少年了,这种穿搭在当时因为过于"先锋",甚至会带来不好的影响。每个人都希望自己有所不同我们需要有更大的包容性来看待这件事情。

二、周杰伦

周杰伦,真的是一位跨越时代的歌者。在我的印象中,他是我们整整一代人的精神图腾。周杰伦和方文山的合作,带来的那些经典佳作自不必说。奇妙的地方在于,周杰伦的歌曲有一种明确的区隔感和明显的时代特性,才华横溢的音乐天赋,成为他身上最亮眼的标识代表,对当时的我们有着魔性的吸引力,让我们那一代人和父辈有明确的区隔。周杰伦就是青春的叛逆宣言。

三、嘻哈

2017年夏天，《中国有嘻哈》成为最火的音乐综艺。我们可以听R&B，听布鲁斯，但是嘻哈音乐的表达能力、音乐方式，甚至歌手的穿着，完全自成一派，是年轻人的新势力宣誓和对旧有世界的疏离。歌词有占有感和冲击力，尽管他们说"Love And Peace"，但实际上有着非常强烈的冲突感。另外嘻哈的参与感很强，每个人都可以来"饶舌"两句，哪怕最后变成"淡黄的长裙，蓬松的头发"。如果某类音乐节目想"出圈"，一定要知道年轻人正在玩什么，才能保证做的东西符合这个时代的特性。每一代新的消费者都在追寻着自己喜欢的流行趋势，万变不离其宗，如果能把握时代的"脉搏"，就能做出来新时代的"爆品"。

如今直播之火已逐步蔓延到电商市场，两者天然互补，电商需要直播带来流量，而直播最佳的变现途径也是电商。那么直播如何在此次产业风口中起飞？直播带货又有哪些门道？下章见分晓。

产业风口与底层需求——直播带货火爆背后的心理动因

2020 年是直播带货元年吗?

直播是一个非常宽泛的概念,它是一种内容的表现形态,而不是具体的业务或者具体的商业模式。直播这种业务形态有两个主要领域。一个是和主播、电商带货相关的形态,像李佳琦、薇娅等主播带货。另一个是游戏直播或者才艺主播,这里面也涌现出斗鱼、虎牙等几家大平台。

我个人认为游戏主播元年是 2015 年,那时斗鱼和虎牙正赶上从 PC 到移动互联网转型的时间点,电竞产业开始被接受,所以游戏直播逐渐兴盛。之后这些企业也逐步走上上市的道路。2016 年秀场类直播诞生,涌现了很多才艺类生活类的直播软件,2017 年腾讯大规模地采购版权,包括英超、意甲、美职篮(NBA)等超级赛事。2019 年是真正的主播带货兴盛的时刻,2020 年的疫情又将这些效应放大。看待一个行业的发展,要先把时间轴拉齐,把行业赛道中的大事件先做对焦,每个产业都会经历从技术萌芽、摸索成长、上升红利、再到应用爆发、增长泡沫,最后进入到成熟工具期,这是一条完整

的轨迹,把市场的来龙去脉搞清楚,可以少走很多冤枉路。

直播泡沫

为什么会出现直播泡沫?下图是2020年中国带货主播的业绩情况,腰部和尾部的主播占据主播数量的90%。真正成为李佳琦和薇娅这种头部主播的人极少,他们两人加起来的份额,已经占据市场的绝大部分。主播的头部有严重的马太效应,两个人加起来的GMV(Gross Merchandise Volume,网站成交金额)达到361亿元,相当于后面28位主播总共的GMV,哪怕第三名和头部都有很大的差距。更何况腰部尾部,他们怎么活?当主播在平台没办法生存的时候,造假就成了解决问题的一个方式。这是不可取的。

排名	主播	销售件数	成交金额
1 — 淘	薇娅viya	2828.0万	32.2亿
2 ↑1 淘	李佳琦Austin	1478.9万	17.9亿
3 ↑2 淘	雪梨_Cherie	627.9万	10.4亿
4 ↑21	驴嫂平荣	288.6万	5.3亿
5 ↑2	罗永浩	263.1万	4.4亿
6 新	时大漂亮	235.0万	4.3亿
7 新	辰辰搭配	275.6万	4.3亿
8 — 淘	烈儿宝贝	295.6万	3.9亿
9 ↓5	蛋蛋	284.1万	3.5亿
10 ↑24 淘	小翱小BABY	61.7万	3.0亿

由于头部有了马太效应，后面的人越来越难存活。但是很多商家明明知道一般的主播有可能带不动货，但依然把货交给他们。市场，尤其是市场营销这个岗位，有极大的市场滞后性。公司里做市场营销的人往往是职业经理人，追求稳定，对待新生事物的第一反应，往往是先看一看，而不是先做投放。求稳的表现形式之一，是希望用更传统、更熟悉的媒体平台做事情。从2018年开始，头部主播的话语权已经非常高了，如果产品不足以打动这些人的选品逻辑，唯一的方法就是找一些次级主播，难免就出现直播的乱象。

直播带货的本质是什么

直播带货的本质是什么？很多人说是电视购物，但是我觉得直播带货和以前走街串巷的货郎一样。为什么说直播带货其实是货郎模式？货郎的核心竞争力和资源壁垒是什么？

吆喝类似于歌谣，是货郎非常重要的"营业手段"。吆喝对应的是直播的口才，需要通过语言进行重点营销。李佳琦的"Oh, My God!""买买买"薇娅的"女人们先发一轮红包",都是通过语言的方法使消费者起心动念买一款产品。

货郎的担子也很重要,担子在直播里就是坑位。任何一个主播带的货有限,一个晚上介绍的产品也有限,所以李佳琦、薇娅选品越来越严苛。对于一个货郎来讲,他的力气也是有限的,没有人能挑起重量没有上限的担子,因此他的选品策略也特别重要,要顾及买家想买什么,货品质量怎么样,货品性价比高不高,这些东西能否带来足够的现金回报,这是货郎的选品逻辑。

大家都知道,直播不是物流概念,而是选品概念,帮助消费者拉近人和货之间的联系,构成了一个场。这个场,在古代货郎用脚来做,不是让消费者接近货,而是让货走进消费者。直播带货的本质是什么?也是让产品走向消费者,帮顾客选好产品,帮忙找到好东西。顾客只要来到直播间,就会有自己想要的商品。

最后一个是信誉。货郎也好,直播带货也好,非常关键的要素是信誉,所有的交易本质上是一种信誉交易,支付宝的本质也是信用交易。"货郎"既是传递物流的过程,也是人与人之间的信用模型。货郎不仅是一个运输者,他的本质是要服务固定范围的客户,甚至几代人都在某个区域做货郎。在这个过程中,信誉对他来说就像金子一样宝贵,如果他经常卖假货,口碑就会迅速败坏。原本互联网把生人关系变成熟人关系,但是通过直播带货的方法,又回归到以人为本的时代。中国古代,很多老店以人的名誉为谋求生计的重要手段,欧美一些百年老店的店名,也以创始人的名字来定,像沃尔玛。延续到今天,我们往往会因为信誉和口碑而相信一个人,这就是直播带货的核心逻辑。

一、主播之间的差异

一层一层拆解直播这个业务模型。有三类带货模式：第一种是主播；第二种是企业；第三种是明星，也是艺人，他们既有才艺又有流量，还有社会信用"背书"。这三类人，哪一个会取得最终的胜利？有人觉得是明星，也有人觉得是企业，我认为三者的实力，或者说未来的前景，应该是主播>企业>明星。主播更专业，其次是企业，有谁比他们更了解自己的产品？明星排在最后。

二、"李佳琦们"的本质

"李佳琦们"并不是品牌的代言人，而是消费者的代言人。明星是品牌的代言人，一个品牌做大了，需要找一些代言人拍一系列的广告，做各种投放，这个明星是我们平常所说的代言人。代言人和带货主播的差别在于，李佳琦不是品牌的代言人，他也许可以随便"拉黑"兰蔻，可能只是厂家的优惠没有给到位。所有的大主播，本质是消费者的代言人，在主播的直播间主场，需要为粉丝负责，他的消费者如果受到损失，不能拿到足够的优惠，就不符合主播的价值意义了。所以"李佳琦们"不是品牌的代言人，而是消费者的代言人，这件事很有意思，我们可以做一个更深层次的解读。

一个优质主播需要满足选品、社群经营、营销、服务等能力模型。用户不用在数以万计的产品中自行做筛选，主播已经选好了，产品可以直奔粉丝而来。其次主播带有强大的营销能力，通过他的试用体验和口才，把产品整个面貌通过直播呈现出来。他们也有非常强烈的社群经营，最后通过服务，

四点联合,达到对产品从"品"到"效"的进阶。主播和消费者之间是"咱们"的概念,粉丝要买一些东西,主播来搞定。主播们都会希望和用户彼此成为"家人",希望变成"咱们"。

从波特五力模型进行解读

在所有竞争分析里,有一个经典模型——波特五力模型,由20世纪伟大的经济学家迈克尔·波特提出。他认为所有的竞争都是基于五种不同的模型决定的,包括上游卖家的议价能力,下游买方的议价能力,潜在竞争者的威胁,潜在替代品的威胁以及同业竞争。拿视频领域中的爱奇艺来说,它的上游是内容的供应商,由于能拍摄出好内容的人非常少,所以它的议价能力非常强,有时候即便有资金支持,也很难买到想要的内容版权。版权费用最终由用户来买单,普通消费者要看这个片子,必须买会员付费观看。买方的议价能力太小,因此会出现店大欺客的问题,这时候爱奇艺就可以根据自己的利益,来做会员权益、观看规则的制定。对于爱奇艺来讲,潜在竞争者可能是芒果TV、优酷视频、腾讯视频等。而潜在替代者是抖音、B站,消费者不看长视频,会看短视频,看二次元的内容。基于上面所说的,"李佳琦们"不是品牌的代言人,而是消费者的代言人。从波特五力模型来看,买方的议价能力(主播们)是在这个市场中巨大的变量。

为什么有人喜欢直播方式

对每一个现象级的产品,作为产品经理和职场人,都应该学会分析其火

爆的原因。为什么直播带货这么火？要素是什么？为什么大家喜欢直播的方式？可以通过几个角度分析直播的本质，来解释用户使用直播的需求以及用户购买商品的需求。

购物最高效的方式是搜索→比价→购买。看四个小时直播，消费者可能一个想买的都没有。我认为直播并不是特别高效的方式。首先，产品分为两个大类：帮助用户省时间和帮用户消耗时间。比如所有工具类产品都是帮用户省时间，搜索引擎、天气预报、菜谱查询等。消费者日常可选择的商品太多了，主播替用户做选择，节约了用户的选择成本。还有一个类型是帮助用户消耗时间的，所有文娱类的产品都很费时，对直播而言，它的形态是来消耗时间的，主播颜值很重要，表达很重要，内容也很重要。如果一个人颜值很差，就没有人看了，所以需要用有趣的话题带动气氛，使大家观看。总之直播既帮用户节省时间，又帮助用户消耗时间。其次，直播帮助用户以省钱的名义多花钱，"三个月保价期，全网最低价……"，主播确实是通过"咱们"的方式帮用户谈了很好的价格，但是又用强烈的销转方式，让用户买了很多不需要的东西，让商品以一种用户更喜欢的形式陪在身边，因此直播带货是一种非常矛盾的产品。

直播带货的关键要素

（1）五大要素

颜值、口才、流量、价格、质量，是主播能够巨量带货的关键因素。主播首先要颜值过关，口才很重要，商品质优价廉，这些是非常显性的特征，我们还可以从产品的角度做一些结构性的拆解。产品的定义非常广泛，可以是有形的物品，也可以是无形的服务，而带货本身就是一种产品。

分析一款产品，需要利用自上而下的五层结构来做剖析。五层架构是：表现层，产品的布局、配色，比如用蓝色的页面代表对科技感的追求；框架层是决定用什么方式做用户沟通，产品的设计语言风格、界面设计等；结构层是功能架构的顺序；范围层是产品的功能规格、内容需求等；最后是战略层，一款产品能够给人们带来什么样的生活改变，为整个社会带来什么重要的积极意义等。

（2）直播带货的五层结构

直播带货也有五层结构，它分为两个关键环节，一是主播，二是直播平台。主播有非常大的差异。主播的颜值、口头语、服饰、带货节奏，都是普通消费者第一眼就能察觉的显性特征。另外还有专业的内容，包括室内背景，

灯光，麦克风。李佳琦直播间每个细节都在传递信号，每个信号都带来价值，每个价值漏洞能被消费者感受到，包括画面构图，镜头方式，以小见大，细节决定成败。

在平台级别，比如淘宝、抖音、快手，它们的表现层是直播界面、引导方式、购物按钮的颜色、比例位置。框架层，包括红包的发放节点，粉丝的回复与解答，什么时候做预告，商品怎么交付，售后怎么做，如何形成有效互动。结构层要看功能，主播的核心功能在于选品，需要用专业的选品降低用户的决策风险，挖掘新产品。

范围层是主播最核心的要素。包括主播的流量资源、商品资源和公信力资源。如果主播是品类专家，比如李佳琦卖口红，用户就比较信任，带奶粉就可能不会爆单。平台端需要考量的是自身流量、主播的质量、商品和供应链的强度、用户的购买心智等。

战略层，对主播来说就是人设。李佳琦的人设，薇娅的人设，都有着各自的战略特点。平台方面，淘宝的售卖方式，快手短视频商业变现的方式，各家各有自己的生态，商业模式不同，结果必然不同。

自2019年开始，直播带货无疑是现象级的市场"新物种"，薇娅和李佳琦也成了公众人物。"现象"永远层出不穷，且纷繁复杂。直播带货大热之后，明年可能又出现另一种商业形态，一味地追逐风口，只会被风裹挟着飘摇不定。我们在看待和思考一个全新的商业形态的时候，要透过现象去思考它的本质属性。关于直播带货，底层用户的需求到底是什么？很多新业态本质上是由于技术的发展、平台的演进以及用户使用习惯的建立到了某个特定的阶段，而共同促使的结果。洞悉了这些之后，甚至可以有效地预测下一阶段可能会发生的"新物种"。风口很难赶上，而我们要做的就是站在高维观点

思考背后的逻辑,继而预测下一个风口的来临,提早布局。唯有在这个飓风形成之前,站在风眼,视野才更开阔。

产业的风口固然能够精准挖掘出市场的底层需求,但企业要想真正在风口"飞"起来,需要有竞争力足够强的产品作为商业抓手。那么企业如何做出一个好产品?一款国民级的产品又是如何开发出来的?下章将以微信这款产品为切入点,分析它这一路发展所带来的启发。

产品聚焦与需求链接——微信十周年一路发展带来的启发

张小龙和微信

张小龙曾经在公开课上说:"我感觉自己是天选之子,我做了这么多很有意思的事情,成就了自己的人生和职业发展"。我有一个问题,张小龙真的是"天选之子"吗?他真的是一位顶级产品经理?很多人觉得张小龙没什么了不起,他的成功只是因为他在腾讯,这么大的流量,这么好的平台,做什么都会成功。真的是这样吗?

很多时候,我们要通过时间去看事物的基本逻辑,如果一款电商产品,模仿今天的淘宝京东,大概率会失败。产品逻辑和所具备的资源完全不同,真要学的话,得学它们的"历史",比如淘宝在最艰难的时候是怎么挺过来的,当时淘宝面临假货风波的时候,是怎么转危为安的。所以如果你今天要做一个产品经理,就不能学习已经走上神坛的张小龙。

一、1997 年——第一份作品 Foxmail

1997 年，张小龙给这个世界交出了第一份作品——Foxmail，他以一己之力研发出 Foxmail 客户端，从产品到设计，从测试到开发，到运营推广，一个人做全栈。当时这款产品成为国内最大的邮件产品，集结了几百万用户，同期腾讯只有十万用户。

Foxmail 的很多功能都很好用，包括离线看邮件，在那个上网拨号的年代，它带来上网体验的巨大提升。这也惊动了当时的雷军，并且做了收购安排，最后因为技术问题没有完成。

二、2005 年——加入腾讯

2000 年 4 月 18 号，张小龙以 1200 万元将 Foxmail 卖给博大公司，并担任该公司的总裁。2005 年博大又把 Foxmail 打包卖给腾讯，就这样张小龙加入了腾讯。2006 年，张小龙要求 QQMail 推倒重构，功能由繁到简，几乎是重写。一年后，QQMail 的流量、用户量、发展速度赶超了网易邮箱，得到了公司内部创新大奖。

邮箱是通信领域的基础设施建设，它代表了人们的通信方式。腾讯做的是人与人之间的连接，QQ 号是一种连接方式，邮箱也是一种连接方式。

三、封神之作——微信

2011 年 1 月 21 日，由张小龙带领的广州研发中心产品团队打造推出微信，一款为智能终端提供即时通信服务的免费软件横空出世。当时腾讯公司内部三个团队都在做这个领域的产品，而且因为免费通话的功能，外部的运

营商也来施加压力。那段时间,张小龙面临的是随时做最后一个版本的窘境。同年5月份,微信版本增加了语音聊天,这个质的升级带来用户注册量的井喷。后来,张小龙又把Foxmail的招牌功能加到微信,在没有动用QQ资源的情况下,此后微信每天日增用户量都在10万以上。

一款社交产品的核心点,是要解决两个关键问题——跟谁交流?交流的方式是什么?上线交流这个功能极其简单,微信的1.0通过QQ和邮箱注册即可。微信在解决和谁交流的问题上,选择了腾讯庞大的用户群,但并不是直接导入。微信1.0可以发送文字和图片,解决了交流方式的问题。即使腾讯拥有强大的社交基因,微信1.0上线也只是抓住社交最核心的基本需求。一个产品之所以能够真正胜出,是因为它愿意做用户洞悉,真正满足在市场上没有被充分满足的用户需求。

试想一下,如果穿越回2010年,你能不能顶住压力把微信这件事做成功?不要觉得微信崛起的过程中,一切都顺风顺水,当时是三个团队在做项目,胜出的未必是张小龙。他只是那个选了自己的路,坚持走下去,并最终赢了的那个人而已。

产品经理的自我修养

产品经理要想有所成就,一定要主动。当我们看好某个事物时,主动向领导提案,不要等着被动分配任务,做一个工具人。这里有一个问题,如果没有腾讯,那么成功的会是张小龙吗?一些人认为是腾讯成就了张小龙,另外一些人觉得张小龙成就了腾讯。我觉得是彼此成就,如果没有腾讯,就不会有现在的张小龙,但是张小龙即便不在腾讯,也一定有更大的成功概率。

我们总觉得自己太普通了，做不出微信这样的国民级产品，无法成为张小龙一样的产品经理。但是如果成为 5% 的张小龙，是不是都比现在要好？不要想着自己必然能成为他，而应想着往他那条能成功的路上走，肯定能更优秀。张小龙用 10 年的时间，对待产品像对待孩子的成长一样，才有了如今的微信。这其中可以窥见产品经理的核心之道，有三点：深入、克制、看准趋势。

一、深入

1997 年到今天，从 Foxmail 到 QQMail 再到微信，张小龙用 24 年只做了通信社交这一件事。即便张小龙这种"天选之子"，也是研究生毕业之后，扎到一个行业里 24 年。很多朋友在一个行业一个公司，做了半年就跳槽，还是跨行业跳，这样会有积累吗？很多时候所谓的"适合"，需要真正深度扎进这个行业之后才能见分晓。

每个人的职业生涯或多或少都有很多理解不了和扛不过去的过程，这个阶段学习成长变慢了。万事开头"易"，每到一个新行业，因为缺少经验，处理的事情也都很简单，工作回馈相对容易。后面遇到行业中有价值的事，要去动脑子了，要去做判断了，要承担压力了，你却跳槽，换赛道了。设想一下，张小龙用两个月把 Foxmail 搭起来，发现没有人用，不做了，那还会有后面的故事吗？在一个行业里真正地深度扎根，才会有大的回报。就像健身一样，扛过某个时间点后，才能真正增肌，不然永远只是出出汗，是锻炼不出人鱼线的。

二、克制

一件事，做比不做更难。能力越大，克制就越难。张小龙作为腾讯高管，时时刻刻有一堆的提案，做这个业务能挣多少钱，广告放开能带来什么收入，增加一个陌生人速配的功能能否带来更大的用户基数……稍不留神，下面业务线可能就会有一万个投诉，比起做这些事，更难的事是"坚守"，要知道哪些事情不能做。知止是特别好的品质。知止就是一个人要知道职业边界在哪儿，做产品的边界在哪儿。

克制带来的是聚焦，要"用十倍苦心做突出一个"。很多时候我们要做一堆的功能，归结为两个字就是"害怕"，害怕用户投诉。做产品要重视用户投诉，但不要害怕用户投诉。尤其是一款国民级的产品，一定会遭到巨量的投诉，产品经理没有办法解决所有用户的需求，要明确自己服务对象的边界，以及公司的利益诉求到底是什么，在两者之间找平衡。再有，当领导跟你说别的产品有这样的功能，我们也得加上，此时你要结合实际情况跟领导反馈，例如这个需求明年才是最好时刻，例如公司的资源禀赋做不了某个需求，用户也不会真的因为没有一个功能就不使用这个软件等。把时间用在了解用户，用在数据分析上，职业生涯的高度就会提升。

三、看准趋势

除了保持克制，还要看准趋势。张小龙很厉害的能力之一，便是能看准趋势，而且能一直看准趋势。他看到的趋势叫顶级生态位——人、交易、信息。"人"要解决的是孤独、协作。每个人生而孤独，我们和别人发生连接，就需要构成协作。人们希望自己成为社群中优势的人，成为KOL、KOC。"交易"指的是在社会化过程中，即便是男耕女织的形式，也是一种分工，人们以社会化交易生存。"信息"是指有谈资，降低"无聊感"。这三点分别在腾讯、阿里和百度三家公司的产品中有体现，腾讯解决的是人

和人之间的连接,阿里解决的是人和货之间的连接,百度是解决人和信息的连接。为什么如今百度的生态位没有了?因为字节跳动比它的解决方式更高效,更有黏性。

内容分发方式

一、编辑分发

所有已知内容的分发方式有三种:编辑分发、社交分发、算法分发。新浪、搜狐、网易、虎扑都是编辑分发,该方式的特点是要雇佣非常专业,有判断力的员工,用人工的方法进行内容筛选和编辑推荐,往往推荐的内容质量会比较高。它适用于很多业务场景,大多都需要有专业背景支持的运营团队。还得配备审核团队对推荐内容做二次审核,比如爱奇艺就有非常明确的编辑分发体系,尤其是首页内容推荐,内容质量非常高。但是编辑分发的缺陷也很明显,千人一面,个性化诉求低。

哪些内容适合编辑分发?第一,时效性极强的内容,如新闻资讯。第二,PGC(专业生产内容)生产的内容和OGC(品牌生产内容)带来的高质量版权内容,少不了高质量的分发。如《甄嬛传》,平台花高价采购,却没有重点推荐,这是有问题的。

二、算法分发

算法分发是现在的"当红炸子鸡",像AI算法和推荐引擎都能够改变推荐内容。今日头条喊出"你喜欢的才是头条"的口号,需要依赖推荐系统的

算法，计算推荐内容，综合很多参考因素之后，才能够实现。但是当内容数据量不足时，推荐算法会出现偏差。算法需要不断升级，才能增大维度和增强准确度，而且内容很难真正做到索引。什么样的内容特别适合这类算法？UGC（User Generated Content，用户原创内容）生产的内容，抖音、快手每天生产几千万条的内容，这些内容可以向计算机提供足够的学习资料，内容量可以说异常丰富，且增量巨大。

三、社交分发

社交分发，是基于用户自身的关系圈做分发的模式。它能消费到个性化的内容，能进一步促进平台互动关系。比如某年春晚，某位演员的表现特别好，有人可能就用二次加工的形式，将这些现场表演变成自媒体内容，从而带来可观的流量。同样的内容，不同的人说，就会收到不同的反馈，这是社交分发的基本逻辑。

但社交分发难免遇到内容良莠不齐的问题。比如微信，这么多年想尽办法屏蔽朋友圈的微商广告，甚至很多公司因此倒闭，但仍无法杜绝这一现象。如果用户的关系圈复杂，社交关系也会复杂，那么用户看到的内容就需要进一步做筛选。如果平台的用户连接关系很重，尤其在双向关注的平等关系中，内容分发的效果必然很好，这样就会成为社交产品的内容模块。微信是典型的双向关系，基于用户的关系圈做分发的模式。

四、视频号的分发逻辑

如果视频号沿着今日头条的内容分发逻辑做分发，必然无法打破"头条系"的重围。而如果通过社交分发逻辑，满足短视频日益增长的

需求,能成功吗?如果在短视频领域的社交分发体系能够成功,毫无疑问微信的资源禀赋是最好的。基于这套体系逻辑,我认为可以从这几个方向推导。

第一,视频号在视频上的成就一定会强于微信,但是微信的核心点不光是用户基数,而是采用了新的分发策略,分发策略融合了算法推荐。第二,这套体系能不能成功的核心点,是通过社交关系推荐产生视频内容,包括关系链中不同的关系集合,以上这些是否能被用户接受?需要用户用实际的行为"投票"。我希望微信的视频号能够成功,不一定是打败抖音。抖音在算法分发和陌生人体系中,已经构成牢不可破的生态位,但是微信的视频号有巨大的机会和抖音成为对冲的体系,就像淘宝和京东一样。

微信十周年给我们的启发

"喜欢是放肆,而爱是克制",这句话用在产品设计中也相当贴切。作为产品经理,最容易犯的一个错误就是无限制地堆积功能,似乎这样就能满足用户需求,殊不知此举只是满足了我们充满不确定感和不安全感的内心。请你相信,真正的业绩来自对市场和用户需求的精准把握。记住,是"精准",就连"准确"都不达标。微信一路走来,张小龙这位产品"大神"也曾在QQMail时代用力过猛地堆砌功能,多年后终于完成化繁为简的蜕变。既然我们已经知道了产品的终点到底属于何方,就应该更早地进入这种思维模式中,即了解你的目标用户真实的需求,找准需求的聚焦点,深入且持续地深入。每个公司的情况有所不同,但资源是稀缺的,"伤其十指不如断其一指",唯

有通过足够的聚焦,才能将现有资源与用户需求精准连接,共同构建一种"人、货、场"的平衡关系,从而达成优质的用户体验和产品最后的成功。快手和抖音属于这类成功的案例。

除了产品本身属性外,商业结构也在其中扮演着重要角色。微视作为腾讯在短视频领域的重要布局,为何无法撼动前者的地位?下章我们看看在智能商业的"双螺旋"结构中,微视的"得"与"失"。

智能商业的"双螺旋"结构——
为什么微视无法撼动抖音和快手

短视频是 2018 年最大的"时代风口"。抖音和快手已经成为"国民级"产品,现在两者加起来的非排重(排重,即排除与主题变相重复的选项)DAU(Daily Active User,日活跃用户数量)已超十亿。短视频领域也催生了大量网红。任何一个有着"国民级"受众群体的生态位级别的产品,也都会成为类似"BAT"等互联网头部企业不容错过的市场机会。所以当短视频崛起的时候,腾讯必然坐不住了,将之前已经下线的微视上线,并且做了巨额投资,希望通过流量的扶持、费用的补贴等一系列方法,吸引更多头部达人入驻,进而能够在短视频行业中分得一杯羹,占据有利的市场位置。曾经所有的创业者都会被投资人进行"灵魂拷问":"腾讯做这个业务,你怎么办?"当腾讯或阿里巴巴这类企业进入某个行业,同行们往往"如临大敌"。而这一次,腾讯的"魔法"似乎失效了。尽管做了巨大的投入,流量加持,但其流量的发展与最后市场的地位和整体投入完全不成正比,市场几乎被抖音、快手"垄断"。为什么有钱、有流量、有社会关系的腾讯,这一次不能把自己安身立命的"招数"成功施展在短视频领域?

微视的短板

为什么微视对付抖音不灵了?因为微视和快手的网络协同效应是不一样的。快手也好,抖音也好,它们的网络协同效应以 PGC 和 PUGC 的内容为基础,产出优质内容吸引用户来看,有了流量,广告主也纷至沓来,愿意花重金进行投放,包括网红带货的商业模式,在这个体系中也有体现。核心的商业逻辑是通过内容产出实现商业价值,获得用户时长和用户付费。

还有一个最关键的地方,抖音和快手出现得更早,有大量用户基础。人都会有从众心理,既然这么多小哥哥小姐姐拍短视频火了,大家都乐于效仿,普通用户也来创作内容。即便内容很粗糙,但是依旧有很多人愿意去创作。

一个产品有如此量级的用户基础,这就非常厉害了。用户开始自觉自发地成为 UGC,继续往上升级,如果创造了比较好的内容,开始变身为 PUGC,可能会被 MCN(Multi-Channel Network,一种多频道网络产品形态,也是一种新的网红经济运作模式)签走,这是正向的循环。所有的 PGC 和 PUGC,很少有人天生只是为了内容创作,一定都存在争名逐利,吸引粉丝,最后也是为了变现。收入和粉丝量正相关,所有的广告投放、电商带货,都是粉丝量越多,就会有越大的价值。

所有的内容制作者会怎么选平台?哪个地方用户量大,就去哪儿,这是网络协同效应,这是一个典型的双边市场。内容创造者愿意来用户量最大的平台,带来更大的内容价值。然后用户越多,回馈给内容创造者的价值也更多。

微视,很难撼动抖音和快手。因为它还是流量逻辑,而不是生态协同逻辑。微视的逻辑，是把长视频的逻辑完整搬到了短视频上面来。给头部 PGC 补贴，吸引他们到这里做内容。说一个真实的案例。某一家 MCN 在刚上线的时候，就被微视邀请入驻，官方的补贴条件，是发出来的内容进到微视的推荐流量池里面。当获赞数和评论量超过一定的值之后，直接给现金，每条视频的补贴金额还是不错的。但是这家 MCN 发现，从第三周开始，视频没有流量了。于是他们又去沟通，问为什么把他们从池子里踢出来，明明视频质量很高，KPI 也能完成。微视说了一句很有意思的话：抱歉，你还在这个池子里，但是我们这个池子的内容太多了，推荐不出去。某一端跑得过快，导致一个飞轮带不起来。

只通过一个飞轮补贴的结果，带来的是短时间内的用户导流，而无法形成整体的生态结构。这个模式特别像中国男足，头部重金规划球员，中超拉胯，不做梯队建设，怎么可能走向世界杯？完全没可能。可以非常负责任地说，这种模式其实就是我们所谓的头部互联网公司的流量模式的方法。没有生态，就没有机会。

抖音的生态魅力

反观抖音，抖音呈现的不只是对用户的吸引力，而是对于整个内容生产者的巨大的生态魅力。有了好的"土壤"，才能结出美妙的商业"花蕾"。抖音成功的核心，来源于其强大的算法。现在微信公众号已经越来越难产生新的用户（它的流量结构是一种闭环结构，只有你的文章被别人转发，或者你去做推广，才有可能获得新流量，微信本体并不会给你提供任何的流量来源）。抖音反其道而行。即便你的抖音账号是零粉丝，当你发送一条内容之

后，抖音也会"慷慨"地给你提供 100 左右的观看量，让任何一条视频都有被看到的机会，并依据"社区"内观众的各种行为产生的投票，来决定这条视频的好与坏。若某个视频的完播率、转发率、评论率、点赞率更高，抖音平台会判定这条视频符合这个群体中大家想看的内容的调性，从而给其更多的流量支持。然后继续进行观察，如果依然能够有非常好的数据表现，平台就会继续投入更多的流量进行推广。只要你能够创造出抖音用户喜爱的内容，你就有了"晋升"通道及向上流动的方式，这意味着"后来者"有机会，每个人都有机会。劳而有得，只要努力，就有可能得到回报。这种开放的架构和分布式的内容鉴赏策略，是抖音可以收获如此巨大的用户量级的最重要的"抓手"。快手除了在这些方面的算法与抖音如出一辙之外，更重要的还有人文关怀。

快手的人文关怀

快手有很多人文关怀，就像一点点星火汇聚出美丽的光。让我印象深刻的是一对夫妻博主，开车跑青藏线，途中时常要带着氧气罐，在开车之余用视频记录自己的生活。后来因为事故，他们在这条路上去世了。快手发布了一个官方的公告，将永远保留这对夫妇的快手号，禁止任何人注册类似账号，并且还联系了公益机构，对该博主家里的老人和孩子给予帮助，建立长效救助机制。

平台记录我们是谁，来自哪里，又走向何方。记录，大概就是快手平台目前真正的价值。

快手的出圈尝试

快手一直在做出圈的尝试，请来"顶流"周杰伦入驻，2021年春节也请来周杰伦首次在快手线上开唱，看起来有做成一款国民级的产品的野心。对快手而言，当自己想做一个出圈性的产品，文化氛围不断打开的时候，这又是一次新的挑战，因为会有很多人说你忘了初心。但做产品，不就是要持续接受这样的挑战吗？

快手的宣传片《看见》里面有一段很有意思的话："我是时间的尘埃，又是自己的英雄。不要冷漠地走进陌生人，每个人都在追求自己的幸福，也不要冷漠地去评判任何一款产品，这些人群有你不知道的故事，有他们的生活，有他们的喜怒哀乐。"对我来讲，这段话十分动人。

抖音和快手的网络协同效应

为什么抖音和快手都有"协同效应"？核心在于，用户每个人都可以在UGC里传内容，当你的内容被别人看到，有好的反馈，就有机会产生更大的流量。先做PUGC，往PGC走，继而接广告，继而有更多好的内容回馈给用户，在这样的结构中，平台越大，越来越多的网红便愿意来了，再产生更多的内容，内容维度分类愈加丰富，最终满足更多的用户的需求，这就是极其良性的结构，也是打破社会层级的结构，是一个社会阶层合理有序向上流动的结构。

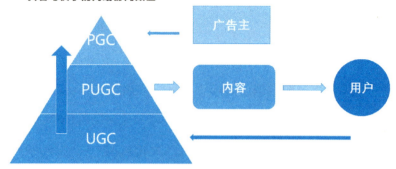

抖音与快手的网络协同效应

按照一定的规则好好工作，就能得到正反馈，而抖音和快手都在做这件事，快手做得更加坚决。平台基尼系数核心点就是让每个人被记录，每个人被看到，看到之后就能往上走，做成大号之后，平台反而不再帮你，不再帮鹰和狮子磨开利爪，而是为更弱小的动物提供生存原料，这是快手的温度。

看待一个产品的时候，一定要看它从零到一的过程，它最初的路是怎么走过来的，这一点至关重要。

抖音、快手的前身是谁？快手的前身是 GIF 快手，一个非常明确的工具属性产品。在这个过程中沉淀了大量的用户，并且沉淀出来了 UGC 的使用习惯。随后把 GIF 创作升级成了短视频的创作，继而在工具上增加了社交属性，沉淀出大量使用者。快手是非常典型的从一个小规模产品不断验证，不断扩大，成长为如今的样子。所有的生态，都是慢慢从小芽长出来的。而抖音，今日头条给了它大量的导流，成功是必然的结果。但是更重要的一件事儿，在这之前，它已经形成了自媒体的生态系统，抖音良好的生长环境，是基于头条已经把自媒体生态做得非常完善了。当时已经有大量的自媒体通过图文的内容形成了生态，挣到钱了。在抖音的发展过程中，很多自媒体只是从图文升级到了视频。有了这样的生态之后，盈利模式不断丰富，给用户红利期，给扶植，给流量，通过电商带货、接广告、流量分成等各种方式帮用户养活自己。而绝对不是靠头部的扶植政策。最后是时间的窗口期，这一点尤为关键。

当时是处在一个短视频从无到有的时机，卡住了这个位置，后面再无类似的机遇，所以这才成就了抖音和快手。为什么形成网络协同效应后，整个腾讯很难再做到这个级别？这跟运营策略当然有关系。那么在如今抖音、快手成为行业头部之后，腾讯怎么做才能破局？我觉得还是一样的方法，要从生态的最底层去思考，如何造生态？这需要一定的时间。但是对于BAT级别的公司而言，最缺的东西不是钱，恰恰是时间与耐心。

下一章，我们将从快手的上市与下沉市场的打法中，感受这家企业的时代选择以及这个时代的人文温度。

人工智能时代的人文温度——快手的上市与下沉市场打法

快手的商业模式——从工具到生态位产品

工具期：2011年，快手APP上线。它是一款真正意义上的工具类产品，当时人们习惯在微博上斗图，将动态图制作成为流量抓手。用户拍几张照片，用GIF快手快速生成动图，此举为快手带来了可观的流量，让其拿到了那一波的"时代红利"。

转型探索期：2011年10月，快手尝试工具和社区并行的模式，推出Gifshow。创始人清醒地认识到，哪怕是极致的纯工具，也是没有黏性的。一个产品若没有生态壁垒，便毫无前途可言。这个版本被认为是快手在转型社区路上的第一步铺垫，之后的半年，快手APP继续通过2.0版本加强产品和工具属性，同时Gifshow板块投入了更多代运营的力量，慢慢开始培养社区生态。2012年10月，快手发布3.4版本，这是一个强制转型的历史级版本，它把首页和主要功能当作社区推送给用户，正式由工具转向社区。之后，快手的用户黏性飙升，活跃度保持高位。这是用一种近乎破釜沉舟的决心来推动的成功转型。这种"向死而生"的勇气，也是快手不断发展壮大的秘籍。

短视频社区破局期：2013年7月份，快手由GIF快手正式改名为"快手"，宣告由工具型产品彻底转型为短视频产品。而此时移动互联网真正兴起，短视频处于巨大的红利期。快手增加了内容分享，进行裂变传播，用户产生的内容可以分享给朋友，增量实现高速增长。

2011-2020年快手发展历程

增长期：2013年10月到2014年11月，快手实现高速增长，宿华正是在此期间加入的。他曾是百度系统架构师，在推荐引擎、推荐算法、系统架构等后端技术方面有丰富的研发经验。通过重新连接优化的分发方式，使得算法能够实现快速高效的分发，让更多人看到自己喜欢的内容。同时，快手每天的内容量也在快速增长。内容和用户产生了正向的调节回路，用户看的内容越多，产生的用户行为也越多，平台越知道用户想要什么，推荐给用户的内容就越精准，使得用户链路越来越顺畅。这个系统使得普通用户的作品让更多人看到，也让每个用户都能看到自己喜欢的作品，进入良性循环，这也

是快手能够快速增长的真正原因。

成熟期：2016年，快手逐渐走向大众视野。同年推出直播，做付费方面的尝试。2018年，在直播的商业需求上开启了直播带货。2019年，推出快手极速版，成为世界第二大直播电商平台。在这个时期，可以看到快手的快速增长是建立在前期牢固的"地基"之上的，当所有的势能积累到一定地步之后，在短时间内完成商业化转型，之后四年间把所有的商业化形式都做了一遍。难得的是，快手在商业化和用户体验之间找到了平衡，并以此形成了自己的商业壁垒。

快手现状：2021年2月5号，快手正式登陆港股，发行3.65亿股，发行价105~115港元。如今，快手利用极速版简化软件的功能和用户体验，降低下沉用户的学习成本和使用成本，从而达到了拓客下沉的目的。

深入场景掌握用户需求

一、快手的商业模式

现在的快手已经不单单是一个短视频平台，而是包含直播、在线营销、电商、网络游戏等生态化的互联网商业公司。优秀的产品经理，要在产品规划上思考商业模式和顶层的设计，如果不能帮助公司盈利，不能让公司业务形成生态，那你很可能沦为"工具人"。

上图是一张快手 2017～2019 年及 2019～2020 上半年的营收及同比增速图。快手线上营销的底层是数据技术的搜索，中层是大量的生态内容，它通过算法进行渠道分发，触达目标用户，优化算法极大地提高了用户的使用体验。在这个生态里面，电商业务模式，线上营销业务模式，直播的业务模式等不同的环节有不同的链路。我认为，一个高端的产品经理，应该思考如何按照商业模式来规划产品，而不只是关心产品要加什么样的功能，界面是什么样的颜色，对于一个好的产品来说，这些也只不过是极小的细节。

二、分层差异

快手之所以能够异军突起，很重要的原因是背后有过亿的用户规模。产品经理由此获得的启发，应该是学会给自己梳理目标，比如要做 DAU 一亿的产品，这类产品需要产品经理对底层用户有更强的把握。这里有了"分层差异"的观念。同样是卖手机，苹果会用"文化"营销手段来做产品宣传，不是一味地强调自己的产品功能，而是用文化来占领用户心智。其次是小米，

互联网营销起家,现在要做1000家小米之家的线下店,也正是看到了广袤的非一线城市的市场图景。用"口号"式的广告触达,"城里人会玩荣耀,我们更会""新手机就是快"等,用非一线城市的信息流和品牌霸屏,实现对更多用户的触达。

真实世界是由各种各样的人组成的,一线城市人口只占到中国总人口的7%,想做过亿级的产品,如果不理解非一线城市的用户需求,就近乎是"猴子捞月"的痴人说梦。这也是快手可以和知乎用同一个口号"发现更大的世界",来获取更大的市场的原因。

三、众生相:"云卖艺"

快手人用展示"众生相""云卖艺"的方式,表达对这个世界的态度。他们可以是一帮草台马戏班子,仅有的道具是一匹马,一只羊和一只猴子,几个人在大集上靠一些粗糙的表演挣着微薄的收入,最后羊还丢了。但为了增加一些额外的收入,他们坚持记录生活中的一切,只为在常规的生存路径中多一点点其他的可能性。

巨大的城乡差异,让很多人在快手上看"老铁"直播抓蛇,抓黄鳝,种庄稼,采橘子。这是从小在城市里生活的人,没见过的趣味农村生活,随即也会产生一些流量和打赏。这是城乡巨大的环境差异带来的结果,每个在城市里的人都是改革开放的受益者,而那些没有赶上时代潮流的人,用短视频的方式展现了现实社会真实的一面,某个层面上这也是社会进步的体现。

宿华曾说,快手的产品理念首先是连接。快手这家公司的目标,就是希望连接被忽略的大多数,它不是为了某个明星存在,也不是为了大V存在,只为最普通的用户存在。最根本的逻辑是每个人都值得被记录,那些角落里的人，那些原本被大家忽略的人，都应该有属于他们的产品。快手不仅洞察了一个需求，而且从使命中召唤出一个需求，它想为社会上被忽略的大多数人做一些事情。关注这些人，发现他们的需求，继而帮助他们过上更好的生活。

背后算法的力量

截止 2020 年前三季度，快手用户每月平均上传 11 亿条内容，在快手上有几百亿个短视频，大量的用户数据和内容。这些浩如烟海的信息如何分发给更多人？必须依靠算法。快手会抑制平台上的"贫富差距"，当某个账户超过一定数值后，就不会进行流量分发，做出一个 200 万粉丝的账号不难，但再往 200 万以上走，极难。

为什么抖音和快手都有这类协同效应？每个 UGC 都可以在这里传内容，当内容被更多人看到，有了更好的反馈的时候，生产者就有机会获得更大的流量，继而接广告，继而有更多好的内容回馈给用户。在这样的结构中，平台的创作者会得到正向反馈，产生更多的内容，更新更多的内容维度分类，满足更多的用户的需求，这就是极其良性的结构。同时，这也是打破社会层级的结构，是一个社会阶层合理有序向上流动的结构。快手让每个人被记录，被看到，帮助弱小，这是它的温度。

建立下沉渠道用户池

一、波特竞争三要素

如何建立下沉渠道的用户池？依靠波特竞争三要素：总成本领先、高差

异化和专门聚焦,通过这些方式,才能做出一款高度垂直的产品,才能在市场竞争中脱颖而出。五个步骤:深入了解需求,找到未被满足的需求,满足垂直的需求,追求极致化,最后持续提高效率,这是做出一款极致性产品的抓手。

二、如何实现"差异化"和"专门聚焦"

一个经典的例子——拼多多,以社交拼团方式,迅速地在三四线及更低线的城市完成用户"裂变",2019年拼多多在国内B2C电商市场占有率为12.8%。只要服务于更广大的用户群,满足人民群众的根本利益,就能做出亮眼的成绩。

快手也是类似的路径,首先了解到这些低线城市中的人们的需求,他们希望记录自己,希望通过拍短视频挣一些微薄的收入,哪怕多几个赞,也算有了倾诉的平台。在这个环节中,快手不断在算法中追求极致,不断提升视频盈利的效率,努力回馈"老铁"们的支持,带来从产品到社区到生态,一直在不断提高的产品结构。

在产品领域,让很多从业者哭笑不得的场景是什么?是你虽然了解市场,但资源不足以支撑你的公司运转?或是被"巨头"用资源优势轻松碾压?都不是。而是你瞧不上的模式成功了,你看不懂的产品上市了。面对快手的上市,部分人未尝不是这样的心态。每个人都有自己的舒适域,也有自己所谓的优越感,当一个曾经不被看好的产品日渐兴盛,如果不假思索地嘲笑与"唱衰",这就不是一个产品人正确思考问题的方式。一线城市与三四线城市存在着从经济、文化到生产力水平的巨大差距,在这样的背景下,我们看待不同的业态时应该怀着一颗谦卑的心。

产品经理最难得也是最宝贵的一项技能，就是放下现在的所有立场与自身的生活经历，快速将目光投射到一个与你素昧平生的人的身上，与陌生的生活友好地相遇。快手也好，下沉市场也好，它印证的是一个优质的产品应该服务于最广阔的人民群众。如果你真的有志于做出一个上亿乃至几亿用户量级的产品，成为一个打造出"国民级"产品的优秀产品经理，"为人民服务"，也许应该成为每个产品经理镌刻在心中的座右铭。

文化符号与产品"破圈"——为什么春晚红包成为各家巨头追逐的对象

2021年1月26日,抖音与央视春晚联合宣布,抖音成为2021年春晚独家红包的互动合作伙伴,这是春晚继2019年和抖音合作之后,再度达成合作。2021年2月4日到2月26日,电视观众参加"团圆家乡年"的活动,含现金、卡券和补贴,总共可分得20亿元。而除夕当晚,抖音则在春晚直播期间分出12亿元红包。

为何此番合作这么"香"?IT巨头的春晚及春节红包大战策略是什么?春节红包大战的本质是什么?如何做破圈的尝试?

IT 巨头与春晚

回顾微信的发家史,其中有一些重要节点。2014年微信做了一件事——微信红包,当一件事超过人们的认知边界,造成情感溢出,就想跟别人分享。在六七年前,刚有微信红包的时候,很多人兴致勃勃、活跃于各个群。微信红包因此具备了次传播的属性。微信利用微信红包,用一个春节假期带来巨大的用户增量,超级产品加上超级时机,形成组合裂变式增长的效果,微信

总体绑卡量超过了支付宝三年绑卡量的总和。

在这之后,所有的互联网巨头都意识到,红包是一个非常香的东西,因为它代表了社交关系。我们给一个人发红包,大概率跟这个人有一定的社交关系。再者,红包能绑定支付。想当年 Apple Pay 进军中国,大家觉得很惊喜,摁两下手机就能直接付款。没想到数月之后,支付宝的二维码和微信的二维码都来了。电子支付带来国民级的底层交易数据,甚至可以推导出每个人的兴趣爱好、审美偏好、整体的收入状况,能获取太多数据和信息了。因而电子支付占据了顶级生态位,国内互联网巨头们在春晚红包战场上已经拼杀了整整七年。

2014 年,微信红包自身的用户量开发完了,支付宝三年的绑卡量正是它的"MVP"。第二年,微信加大投入,怎么加大?微信直接把发红包搬到了央视春晚这个顶级舞台上,通过 5303 万广告费,拿下独家合作,开启了互联网在春晚上发红包的序幕。从晚会的开场到结束,用微信摇一摇,总共摇了 110 亿次,峰值互动出现在 22:34,达到了每分钟 8.1 亿次。

微信冠名春晚红包一个月后,月活跃账号达到 5.49 亿,比 2014 年 12 月

末增长 10%，微信绑卡用户超过一个亿。这非常厉害，从这一战开始，微信和支付宝齐头并进。支付宝做了多年的单一巨头，被微信在两年内用一个小小的红包彻底解决，打平了。至此，红包大战拉开。

春节红包大战策略

微信哪儿来的钱上春晚？腾讯大抵是不差钱的。2015 年微信支付 5 亿元，让 1.2 亿人次参与春晚摇一摇抢红包。2016 年支付宝发了 8 亿元，集五福抢红包。那次集五福的活动被诟病许久，很多人没有拿到最后一张敬业福，全国只有 200 万人拿到了，人均分了 200 多块钱。敬业福成了当时最后能抽奖的核心要素，前四张福非常易得。8 亿元看上去很多，但到了春晚这个平台，有 10 亿人观看，到底怎么分钱，是雨露均沾还是给一只超级锦鲤，怎么才能让同样的钱产生最大化效能，是做活动策略运营需要重点思考的事。2017 年没有红包的活动，2018 年淘宝发放 10 个亿，亲情淘宝集五福，开启了另外一波的集五福。

2019 年，百度花了 10 个亿，吸引用户抢红包集红卡，并下载百度 APP 做提现。当月百度的 APP 日活跃人数达到 1.6 亿，但百度红包需要绑卡、提现，一堆复杂操作使得用户中途放弃。

2020 年，快手花了 10 亿，用视频+网站的玩法，让用户赢红包，站外红包分享 5.9 亿次。2021 年，抖音花费 12 亿，这个量级已经非常之大。

2014 年到 2021 年，7 年的时间，从 5 亿到 12 亿，涨了 7 个亿的行情。为什么出现这样的状况？有几个不容忽视的要素。

春晚红包行情大涨的几个要素

一、在传统春节中,发红包是顺应人心的事

中国的"礼"字非常有趣,礼仪之邦,既要有礼节又要有仪式感,礼尚往来,一往一来才能称为礼,礼尚往来的核心,如果没有互相的亏欠,我们如何藕断丝连?长辈给红包,是对我们的一种关照,应该欣然接受,再把这个钱换成长辈喜欢的东西送回去,这是中国人的"礼尚往来"。

二、在春节期间搞活动拉流量,成为互联网平台实力的象征

文无第一,武无第二。春节只有一个,一年只有一次,在这样的状况下,谁能抢占最高点,就非常重要了。

春晚红包大战的本质

为什么春晚成了各个巨头争夺的焦点?其实是基于五个要素,慢慢形成了一个兵家必争之地。

一、超级流量

只说支付宝一家(因为各家的背景情况有差别)。2016 年 79 万人集齐支付宝五福,平分 2.15 亿元,人均 1.66 元。后来不断放开五福标准,使得大家都能拿到钱。2017 年集齐人数 1.68 亿,拼手气分 2 亿元,获得最高红包金

额为666元,最低只有几毛钱,还是被诟病。2018年2.51亿人参与,拼手气分3.5亿元,最高66元,最低1.08元,大家开始接受这个设定。2019年集齐人数3.27亿,拼手气分5亿元,每人不到1.6元。2020年3.18亿人参与,拼手气分5亿元,每人不到1.6元。

支付宝为什么每年都要做这件事?目的就是在春节抢占更多的活跃用户和流量。春节这个时间点特别关键,由于生活习惯的变化,用户的行为模式也会发生变化。如果巨头抓住这个变化,就有可能把潜在用户变成长期用户。

而另一方面,在春节假期之后,用户对平台会产生延续性的使用,这是互联网平台的特点之一,即产生用户的长期黏性和长期使用行为,通过红包系统形成支付习惯。

产品如今更加关注长效留存,比如我们刷淘宝,刷着刷着就会有获取红包的页面,过两分钟再得一个红包,KPI被拆解成红包的体系,这样的玩儿法越来越多。收获超级流量之后,平台还可以做流量输出,做后续延续,再往横向做流量的拉通。

二、春节是中国人中心化的集体行为

古时候,当人类遇到无法解释的自然现象时,便产生了祭祀。祭祀要做一大堆食物,祭祀鬼神,祭祀先人,戴上面具进行有仪式感的活动,所以慢慢衍生出聚餐和节日。

节日也叫作"社会性共同活动认知",在这一刻有些活动是被允许的,甚至是被提倡的,甚至默许你必须要做一件事,和平时冗长的生活形成鲜明对比。长期平淡的生活,导致人们缺少非凡体验。所谓峰终定律正是如此,比如登上迪拜塔,吃顿大餐,在这段体验的高峰和结尾,你是愉悦的,那么对整个体验的感受就是愉悦的。我们在各个节日做一些特殊的事情，也是找到一种社群的认同感。

如今，各种节日被做成丰富多样的营销节点，包括双十一。双十一原本是年轻单身的"光棍节"，和购物本身是没有关系的，当人们在某个事情上的习惯很弱，商家就提供一个"强场景"，既然没对象，去购物吧！填补心灵的空窗。这种强场景甚至取代原本节日的内容，最后形成心智锚点。春节是集体中心化行为最突出代表。我们的兴趣、时间、偏好已经变得无限碎片化甚至尘埃化，任何一个小众的爱好都可以被尊重，任何一个特别细分的领域都可以被满足，在这样的状态下，还需要中心化的东西吗？过春节，依旧是中国人集体中心化的行为，是我们会情不自禁产生的行为，底层原因是春节传递着中华民族千年文化的母体，给每个中国人带来真实的意义感，这是一个心智锚点。

春节购物原本是需求主导，一件事和年节连起来，会出现节日消费。一到过年，肯定要买一些平日里不舍得买的东西，来点仪式感。如果有些节日，一直促使用户来做这件事，很有可能把消费从低频拉到高频，非刚需的东西都有机会，利用节日节点，培养用户消费习惯。

三、顶级的品牌位置

为什么说春晚是顶级的品牌位置？7年间从5亿到12亿的红包投入，参与其中的都是顶级互联网企业，这就是顶级的品牌效应的一种体现。2020年，快手登录春晚之后，在线营销板块就迎来了非常可观的增长。品牌营销配合产品本身强大的势能，就能产生绝佳互动的效果。回顾春晚广告"标王"，当年有无数耳熟能详的品牌，如今安在？第一届孔府宴酒，第二年沱牌曲酒，第三年爱多 VCD、步步高 VCD，如今都难以再现辉煌。但也有很多品牌依旧活跃在市场中，包括娃哈哈、红牛、宝洁、美的。为什么有的品牌留下了，有的品牌消失了？

不是所有的品牌都适合作标王，具备被高频使用的属性至关重要。爱多 VCD，有一次购买行为就是转化漏斗，做的是流量生意，连续性较差。娃哈哈做矿泉水，日常生活被高频使用，和 VCD 比起来，就是持续连接和单次连接的差别。互联网产品最大的特点，便是能产生多次持续连接，装一个 APP 之后会一直使用。自带某种资源禀赋、产品禀赋，才有可能成为超级品牌。

四、渠道下沉好时机

2019 年春晚观众规模将近 13 亿，虽然年轻人都说自己不爱看春晚，结果除夕那晚还是会打开电视机。毕竟没有那句"观众朋友们，我想死你们了"，还叫春节吗？电视大屏仍然是主要的春晚收看渠道，受众占比很均衡，女性熟龄用户为主。春节本质上是全国性的人口迁徙，在这样的背景下，再配合红包，推动老年人使用互联网 APP，就能成为一次非常好的产品渠道下沉的打法。借着抢红包的机会，让父母学会使用微信、百度、抖音、快手这些产品，让他们跟上时代的步伐。

五、支付端口的争夺

2021 年春节前，抖音支付悄然上线，当用户在抖音直播间下单时，能增加抖音支付选项，可以绑定银行卡。为了完成这个支付目标，2018 年 6 月，字节跳动收购了华夏保险经纪公司，拿到保险人经纪牌照；2019 年 8 月收购金美林，拿到咨询职业资格；2020 年 7 月，拿到网络小贷牌照；2020 年 8 月收购了武汉合众易宝科技公司,拿下支付牌照;2020年10月,字节跳动新增名为douyinpay.com的域名,同时申请抖音支付Doupay的商标,包含了所有相关的类目;2020年10月快速推出了放心花,类似于花呗,进驻信用支付业务。

2018年,抖音只是流量的搬运工,核心是为淘宝的店铺引流。2019年从打造小店开始发展自己的闭环模式。电商业务起来后,开始做视频广告,这个时候依然需要用支付宝去支付。2020年抖音电商总的GMV有1500亿元,直播占1000亿到1200亿元,视频达到300亿次点击量,有人预估2021年抖音的电商GMV将达到2500亿元,增长率保持在70%~100%。在这样一个规模体量上,肯定不会让支付体系旁落给他人。顶级的生态位是人、交易和信息,这三件事的底层是数据层,表层是应用层。大家都要沉淀数据,人和人之间的关系数据,信息索引数据,交易数据,构成所有大数据最宝贵的东西。掌握了支付系统,就掌握了完整的数据闭环,尤其是交易数据闭环,随之衍生的金融产品价值极大,比如小额信贷。用盈利模式解读产品,用更高维的思考方式,在互联网最顶层做思考,才能掌握全局。

总结一下,春晚的红包大战本质上基于以上五个要素进行的。首先是超级流量,十几个亿的流量不容小觑,而且还是中国人中心化的集体行为,根据峰终体验,我们需要有仪式感的事。春晚作为顶级的品牌高位,企业投入大量资金,向世界彰显自身价值,使得之后能做更好的广告招商,形成良性闭环,同时又是一个非常难得的渠道下沉机会,年轻人回家带着父母一起参与红包活动。最后是支付端口的核心争夺,支付通过红包做,完美。

各大互联网巨头公司与春晚的合作,无疑是"互联网+"时代潮流的缩影之一。将自身产品与传统文化符号结合,是互联网企业"破圈"的途径之一,在日渐激烈的行业竞争中,它们还能找到更多的生命"第二曲线"吗?

构造企业的"第二曲线"——社区团购为什么引发了如此大的风波

社区团购还能入场吗？

社区团购是2020下半年至今非常热门的题材，每一件事情，既然它存在，它"火"过，那么它背后整个的运行逻辑是值得剖析的。

一、社区团购有多火

从上图可以看出，社区团购从 2018~2019 年有大幅增势。2019 年达到 544% 的增速，翻了五番，从 70 多亿元的量级，直接提升到了 400 多亿元的量级。

二、前置仓、平台到家、社区团购差异

卖生鲜、水果、蔬菜有三个业务形态：前置仓、平台到家和社区团购。每日优鲜是典型的前置仓生意，通过很多合作和配置的方法，使得一些小型冷链仓库离用户家很近，让商品在一小时之内，或者一小时左右的时间到达用户家里。平台到家类的产品，如京东到家和天猫超市，采用的是隔夜达和次日达的方法，不用改变现有的仓储结构，用原本平台级的物流、配送、仓储的基本能力，单独做一个品类，基本上能够覆盖 70% 左右的需求。

平台到家的业务模式非常庞大，趋势向好，有 40% 左右的增幅。前置仓稍微小一些，但也有 48% 的增幅。这两种不同的模式，消费者在其中核心的 SKU（标准化产品单元）、消费频次和 UP 值（积分）都会有差别。前置仓的业务频次更高，盒马鲜生、每日优鲜都在推"日日鲜"的产品，可以把每天最新鲜的食物放到这里，用户使用的比例和频次明显高于平台到家。

平台到家还是采用原本集中式仓储的方法，沿用之前的配送方式。一般是第二天才能到，所以两个业务场景有非常大的差别。在这个背景下，社区团购横空出世，直接改变原本的市场局面。社区团购的打法是，大家统一下单，统一集单，集完单之后，可以去自提，或者有团长帮忙送。

前置仓和平台到家这样的业务形态，有一个明确的区域化特点。2020 年疫情之后，再到后疫情时代，越来越多的巨头开始进入社区团购领域，比如盒马开始做盒马优选，拼多多做了多多买菜，各家巨头纷至沓来，要进入这

个市场。

社区团购还能不能做？

当一件事情看上去挺火，有高速增长，但尚无明确的政策支持时，PEST分析法是进行判断的绝佳分析方式。虽说风口上的猪都能飞起来，但我建议忘掉风口，与其追逐风口，不如把握趋势——能够有三至五年长期发展的事物，风口往往小不了。社区团购在这里面是一个风口，而不是趋势。

由于政策的影响和变化，直接会造成社区团购可能被拦腰斩断的状态。一个普通人，想去追风口非常难，也非常累。当你想往风口去，可能风口已经调了头。我们不要去做疾风，要做劲草，要去扎根，同时要看到整个未来的趋势。基于此再下判断。PEST分析分为政策、经济、社会、技术四个方面，本节主要说一下和政策相关的因素。

不要只低着头捡六便士，而不抬头看月亮，即展开未来科技创新。《人民日报》发布的文章，态度非常明确："要把原始创新能力提升摆在更加突出的位置，努力实现更多'从0到1'的突破，掌握着海量数据，先进算法的互联网巨头，理应在科技创新上有更多担当，有更多追求，有更多作为。别只惦记着几捆白菜、几斤水果的流量"。

政策法规、监管与处罚以及牌照，都是和政策有关的重要表征，透过现象看本质。互联网流量巨头，已经处于成熟工具期，实现增量困难，想拓展一个新业务，但没有效果。而他们如果想大规模地提升收入体量，难点多多。

很多人认为，巨头做一个业务很容易。但是巨头有巨头的困难，巨头的难点，就是它的发展增速变缓。在产业升级阶段，出现增长泡沫的时候，很容易做出一个非常大的增速。但这个高增速的背景，"盘子"实际上是小的，可能就是几百万的规模，增幅100%或200%，其实也就是几百万在滚来滚去。

社区团购，之所以一堆巨头要进场，因为巨头看到此行业已经进入上升红利期，马上就要到达爆发期。爆发期说明这件事的商业模型已经成熟，未来是有机会获取一些垄断价值的。如果说我们在前端掌握了大量社区级别的用户，后端掌握了菜品的供应渠道，把它做成一个垄断闭环，意味着可以得到它的定价权。而定价权就意味着能够在后面得到超额利润，这也就是巨头们为什么都纷至沓来，要涌入这个行业的最关键的要素。当所有的巨头增长乏力之后，势必要找到下一个大规模收入体量。从哪儿来？一定是老百姓的衣食住行。衣食住行大于科教文卫，掌握着人口级的用户量，再把整个产业的链路打通，形成垄断闭环，掌握定价权，获得超额利润。因此，社区团购是一个好生意。

垄断的价值

要实行平台垄断，很多商家都是采用一样的方式。首先把渠道占下来，渠道就是用户。通过打折蔬菜、鸡蛋等，只要价格显著低于市场同类品的价格，渠道很容易建构。尤其在APP和互联网的时代，这件事会被极大规模地放大。因为原本的渠道，还是一个基于地面店的区域性渠道，一个小菜贩很难直接被"收编"。互联网会提高垄断的效率，因为在这个过程中，用户直接装一款APP，如美团，溢出效应非常明显，所有人都能用，所以渠道整体的稳定性十分可观。

同样的道理，既然已经有了大量的用户，就有了很强的综合购买能力，

可以拿它和供应链去谈。因为单个用户的议价能力是低的，但如果是聚沙成塔，对供应链的压缩能力就会变得非常之强，可以去谈好的商业模式、好的价格以及好的分成方式。到最后，平台甚至可以直接收购很多供应链，往上游走。在整个交易过程中，还能不断往下去沉淀大量的数据。这些数据使平台和渠道的关系变得更加紧密，通过一些大数据算法和推荐引擎，平台越来越了解用户要吃什么、看什么、玩什么、买什么。

这些数据还能对供应链产生明确的驱动。平台和渠道垄断了数据，再把这个数据告诉供应链，供应链就得去做平台要的货，如果不做，货就卖不掉，也没有渠道。所以平台获得了所有的价值，这就是垄断背后的核心逻辑。

为什么要叫"停"？

大家都比较反感"炒"的概念。大家可能都知道戴比尔斯的故事，钻石明显就是一个"炒"的概念。一方面，戴比尔斯宣传"钻石恒久远，一颗永流传"的品牌理念代表着情比金坚，另一方面，它又垄断了所有的钻石市场。如果以符合市场规律的角度看，当市场的供给和市场的需求能够达成平衡，钻石最后还是会回归到正常的价格。但因为戴比尔斯对渠道方有明确的垄断级作用，控制放量，最后带来的是"少"的结果。需求火，供给少，便有了"炒"，带来了明确的额外垄断的价值，溢价也就出来了。为什么中国要振兴实体经济？其实不是互联网经济有问题，互联网也有很多做实事的企业，真正要打击的是通过金融垄断进行炒作的行为。

衣食住行关乎民生大计。老百姓最在乎的事就是衣食住行。"行"比如滴滴打车，曾经让用户觉得打车很便宜，但现在价格很贵。ofo更不用提了，很多人的 ofo 押金现在还没拿到手。"住"比如蛋壳的逻辑，希望用高价格收到所有房源，切断所有房屋的供给端，同时甚至亏钱拿到所有客户，把渠道方也拿到。但在疫情期间，金融链断掉了。不然的话，蛋壳最后通过先垄断房源再涨价，直接用这种方法是能挣钱的，只不过遇到了超级黑天鹅事件。疫情导致了很多人不租房了，蛋壳每天的亏损量达到上千万元，非常恐怖。再说"衣"，衣服就是最基本的保障，现在几乎不可能被垄断。

最后的一个板块——"食"，它会形成垄断效应吗？可能性不大。国家提出"地摊经济"，根源在于解决就业。在产业结构的调整之中，这些中低端的服务业，对中高龄失业劳动力是一个机会。中国市场有两大劳动力蓄水池，最终蓄水池是农村，还能去种地。第二级的蓄水池是在城镇，在城镇摆地摊的门槛非常低，使得整个社会能够有两层的缓冲，平稳过渡性很好。

设想一下，社区团购真的做大之后会怎么样？第一，它不是叫外卖和下馆子，而是人们日常刚需的肉禽蛋直接被资本控制，半年之后，一年之后，资本掌握定价权，消费者说了不算。中高龄餐饮从业者，连个餐饮店都可能开不下去，地摊都摆不了，因为一切食品资源被垄断了。因此，社区团购不光是效率的问题，还关乎民生和社会稳定。

社区团购是否真正的提高了整个系统效率？

如果一件事对于社会总体效率有提升，那这件事大概率是正确的。社区团购这个业务模式是否真正提高了系统的效率？看一下它的模型。所有社区用户通过朋友圈的分享，接触到一些团长，团长做接单。接单之后，商家链路做线下的配送，然后送到团长的手里，通过自提点或者团长自配送的方法，输入到消费者手里，这个就是社区团购的核心的链路。

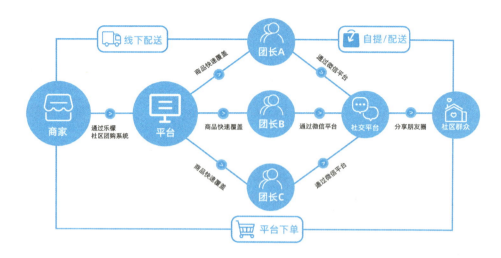

很多人表示买菜会更便宜，确实如此，但有很多补贴的成分。做产品也好，做运营也好，做商业也好，要思考菜价的成本构成。

这些菜真正的采购价和零售价相差很大。采购价是从农民手里收来的菜价，零售价是到达终端消费者手里最后的售价，两个价格中间有巨大差距，甚至超过了100%。比如收的时候是9毛钱，卖的时候是2块钱。现在整个农业互联网或者农产品市场最大的痛点，即价格倒挂，农民和农场所销售的蔬菜价格是偏低的，他们没有利润。农民种菜，种米面粮油，极其辛苦。而市民——终端消费者，买这些菜品的价格又偏高，原因是中间环节过多，中间商太多，导致中间利润太高，生产者和消费者都没有办法获益。

这里面有几道中间商？从农场出来，最后到社区的摊位，从农场到餐桌，大概分为五步。首先农场负责农产品的产出，采摘完，进入菜品的收购环节。第一道批发商收购农产品，经过运输环节，调配到需要的地方，比如说从蔬菜的主力产区山东寿光，向全国各个地方发放，里面有大量的运输成本。到

序号	商品名称	二级分类	单位	采购价（元）	零售价（元）
1	菠菜	叶菜类	斤	3	4.5
2	韭菜	叶菜类	斤	3	4
3	平包菜	叶菜类	斤	1	1.8
4	芹菜	叶菜类	斤	2	3
5	生菜	叶菜类	斤	3	4
6	娃娃菜 散装	叶菜类	斤	2	3
7	小白菜	叶菜类	斤	1.5	3
8	有机花菜	叶菜类	斤	1.5	3
9	油麦菜	叶菜类	斤	1.4	2.5
10	白萝卜	根茎类	斤	0.8	2
11	淮山药	根茎类	斤	2.5	4
12	胡萝卜	根茎类	斤	0.9	2
13	藕	根茎类	斤	4	6
14	手工净芋头	根茎类	斤	4.5	6
15	莴笋头	根茎类	斤	1.8	3
16	土豆 黄心	根茎类	斤	1.2	2
17	香芋	根茎类	斤	1.7	3.5
18	洋葱	根茎类	斤	1.3	2
19	玉米	根茎类	斤	1.7	3.5
20	冬瓜 吊瓜	茄果类	斤	1.6	2.5
21	黄瓜 精品	茄果类	斤	1.5	3.5
22	南瓜	茄果类	斤	1.2	2
23	茄子 紫茄	茄果类	斤	3	5

了销售地，每天早晨会有一些小摊贩去超大型的菜品批发市场进货，再像毛细血管一样，输送到一些社区周围，从销售地进行批发，做零售。即从农场到一级批发商，到运输，到销售地，再去做大分流，最后到社区摊位。

互联网巨头究竟能不能进入农产品供应链环节呢？在农场部分，通过互联网的方法和金融的手段做现代农业，做滴灌、微灌，通过金融产品做集约化生产，国家一定会扶植，因为能够提升生产系统效能，使得农民种地的产出更多，效率更高，实现大型农业机械化。无公害的水果蔬菜产量提升，价格还能降下来。在收购农产品这一块，还可以通过大规模收购的方式，甚至是预采购，帮助农民更加稳定地从事生产。农业的生产有明确的周期性特点。今年一个什么样的菜火了，明年一大堆人去种，种完菜价立刻就降下来，农

民其实是非常苦恼的。但如果从源头做预采购,相当于社会压舱石,使大家非常安稳地工作,让社会的总效率提高。

物流调配也是互联网特别擅长的事情。通过大数据系统分析,什么样的菜在哪天经过什么样的码放方式,拼什么样的车,使系统效率更高。通过现代物流的方法,使货运体系变得更加有效,提升效率。在销售地,通过互联网终端,未必要去做C2B,可以做B2B,在这个过程中,做互联网终端和B2B直联,每方面都能提高系统效率,增加更多的产出。但是,巨头纷纷入局社区团购,把摊贩的"摊"给抢了,这就不太厚道了。

我们做业务的时候,难免会动某些人的奶酪。我认为最应该干的事,应该是得罪少数人,而服务多数人。用创新的模式和互联网技术,挤掉一级、二级、三级批发商,让农民和消费者最终得利,让社区菜市场摊位的经营者生存。如果做土壤的升级改良,做选种育种,还会有这么多人批评吗?不会。但如果欺负老百姓,碾压最底层的地摊经济,这件事不漂亮,似乎也没有什么尊严。

社区团购一定能做,包括生鲜电商等,还有非常多的机会。但是在目前的经济状况和政策管控中,它很难做到垄断级别的业务了。

随着入局者越来越多,社区团购赛道已然有些拥挤,但在下沉市场中依旧有着可观的增量群体。下沉市场还有哪些机会?在下一章中,我们会通过"蜜雪冰城"的发迹史,聊聊下沉市场的核心策略。

下沉市场的产品核心策略——蜜雪冰城如何用2元甜筒撬动万家门店

一杯柠檬水,2021年在北京依然只卖5块钱,很神奇。通过蜜雪冰城的启示,怎样去读懂下沉市场?

蜜雪冰城的发展历程

蜜雪冰城有多厉害?看看它的LOGO,以一线审美看,确实有点"土"。但LOGO的背后,企业真实状态如何?2020年,它最新一轮的融资没有对外完全披露,估计达到10~20亿元的规模,该企业整体估值200亿元。极其洋气的喜茶估值是多少?160亿元。蜜雪冰城比喜茶的估值还要高,很厉害。2020年6月22日,蜜雪冰城宣布全球门店超过1万家,而喜茶是500家。预计2021年,蜜雪冰城要上市。

蜜雪冰城是一家家族企业，由张红超、张红甫两兄弟打造。

1997 至 1998 年期间，张红超先在郑州开刨冰店，后来又去合肥卖糖葫芦，但均以失败告终。1999 年，张红超离开合肥回到郑州，继续开刨冰店，当时已经试过上百种配方。因为刨冰外形像甜甜的雪，所以起名"蜜雪冰城"，开启了之后的一段传奇。

2006 年，张红超发现了一个爆款冷饮，叫火炬冰淇淋，20 块钱一个，价格很贵。他就思忖，这么好吃的东西，如果卖得很便宜，应该有很多人买。通过一年的研发，自己做蛋卷，做配方，用料好，但售价低廉，2 块钱一支，完全卖爆。于是不断铺量。

2007 年，张红甫上场。张红超比较传统，而张红甫更注重营销和推广。他上场后开始"改革"，开加盟店，在一年时间内开了 20 家门店，直接把这个量级铺大。

2008 年，张红甫发现，完全以家族产业为主体的企业，实际上是会出问题的。于是他引入现代化管理的方式，招聘了一些职业经理人加入，有些人甚至是上海做餐饮的高管。这一年，张红超、张红甫弃掉热餐，全面进军奶茶和其他冷饮。

2010 和 2011 年，以前的 4 个股东和平分家，张红超也退出了。2014 年，蜜雪冰城突破 1000 家门店，不得不说张红甫是开疆拓土的一把好手。

2015 年，快速扩展中的密雪冰城出现了若干的问题。类似于若干年前的成都小吃、沙县小吃以及锅盔等爆品出来以后，用加盟的方式迅速风靡大江南北，最后昙花一现。这些餐饮加盟大多数会死在什么地方？是因为突破千家门店的时候管理上不去。张红甫当时也看出了自家店面的问题，比如部分门店已经不是现切柠檬了，提前切好放在冰箱里，不一定新鲜，最后却拿去做饮品。还有些店的卫生状况堪忧，店里的地面能把鞋粘下来。于是张红甫把哥哥又请了回来。张红超开始狠抓质量，包括标准化，如此又做了三年，扛住了经营危机。

2018年，一个非常神奇的品牌战略企业华与华和蜜雪冰城合作。华与华创造出无数耳熟能详的超级品牌，缔造了营销圈各种传奇。华与华进入蜜雪冰城的营销体系之后，给他们设计了一个超级符号——雪王，同时做了一个高端品牌叫M+，但并不成功。同时期，蜜雪冰城开始进军北上广深一线城市，2019年营收额达65亿元。这就是蜜雪冰城的故事。

蜜雪冰城给我们的启发在于：先得思考目标是什么？如果想挣点小钱，当跟随者就可以了。但是想做成一个大规模的企业，不打破常规完全不可能。2块钱的冰淇淋居然是盈利的，这得益于它强大的供应链管控能力。

下沉市场的机会是什么？

中国各个城市的人均收入差距很大，这种巨大的地区发展差带来了一个时间机器模式。在前述的背景下，中国国内下沉市场有哪些机会？

近几年，农村地区消费升级的进程在加速，尽管农村收入和消费的绝对值并不高，但是增速明显，每年能有差不多8%的增速，而城镇只有7.8%。为什么现在二三线城市如此之火爆？因为北上广深发掘核心用户阶层的成本非常高昂，随着社会的不断发展，低线城市中机会更多。分享一个我朋友做K12教育的案例。无论是斑马AI、猿辅导还是火花思维，拓客成本在四五千块钱左右。这种情况下，这个朋友做了一个小的MVP产品，在快手上每天直播引流，卖一个客单价为88元的学霸陪读产品：孩子可以听到大学学霸们读

书。没有助教体系,没有班级的体系,没有 APP 和小程序,但用户量转化率非常漂亮。现在斑马或新东方等的客单价依然是很高的,因为营销获客成本太高了。二三线城市的家长并不是都能负担一个月三四千价格的课程,而这个 88 元的产品能够让家长看到孩子有人管,有一线城市名校学霸给孩子读书,家长就会觉得有价值,这就是有市场的产品。

用一线城市的低客单价打法,在二三线城市会出现一些新的可能性和机会。蜜雪冰城同样是用这样的策略,在 2006 年打造了一个定价 2 元的冰淇淋爆款,以此达到大规模获客。宜家餐厅也是同样的价格策略。公开资料显示,宜家餐厅不仅为宜家贡献了一定比重的营业额和利润,更重要的是增强了宜家作为商业形态本身的人气指数,延长了顾客的停留时间,对线下的业态有着很好的导流效应。其中的逻辑,是拿一个低价格的东西做引流,但引流方式和互联网有差别。在互联网,可以通过 APP 给大家提供首单免费的营销策略,做心智锚点,做品牌宣传,进而做到与用户之间长久的连接和黏性,使得其成为深度用户。

蜜雪冰城由于没有这个后续的体系和套路,所以它就一直坚持低价策略,并且通过强大的供应链管控,使得所有的单品依然能够保持低价。那么蜜雪冰城到底赔不赔钱?这十分考验企业内功。互联网往往是"烧钱"的买卖,很多企业做的东西是偏虚而不偏实的,在引流上做了很多工作,但缺少真正对线下供应链的把控。在这点上,蜜雪冰城做了一件事情:自己买了生产设备,自己研发配方,掌握产品供应链,通过把控生产的核心要素,把单位成本控制到一块钱以下。这意味着什么?一个引流品都挣钱,就不是烧钱了。

蜜雪冰城的四点核心启示

一、产品是决定企业生存的第一要素

蜜雪冰城初期,遇到来势汹汹打价格战的企业,并没有选择直接压低价格,而是把产品做得更加精致,最终靠着这种思维,打赢了两家做短线低价的企业。另外,蜜雪冰城精心打造了一款超级产品,撬动了一个企业生存的核心要素,并且这个产品本身能帮助企业盈利,做到突破性的增长。

二、在创业初期,不一定要依靠所谓的伟大构想做企业

我们回看张氏兄弟的创业路程,做刨冰、卖糖葫芦、开餐馆,虽然都不算成功,但是逐渐找到了真正想做的产品——蜜雪冰城的准确定位,并在不断地摸索中日渐笃定。

三、善于抓住机会

从蜜雪冰城整个20年的创业经历上看,小公司做起来的关键,是抓住了机会。张氏兄弟的机会可能就是一个刨冰,可能就是一个两块钱的甜筒。

四、正确的流程和价值观

虽然蜜雪冰城在2008年引入了多位高管解决业务扩张的问题,1000家店几乎一夜之间就开起来了,但随之而来的价值观问题也暴露无遗。后来张红超回到公司继续接管,做价值观重塑,将公司又带上正轨。这就是小胜凭智,

大胜靠德的基本逻辑。

下沉市场应有的核心产品策略是什么？

一、极致的性价比

花小猪新用户登录打车零元起，直接通过小程序实现，快速简单，追求的是极致性价比。把市场的价格打下来，但它的服务可能就不太完善，有些人在乎性价比，而非体验本身，甚至会为此放弃一部分安全可能性。

二、形成自传播体系

自传播体系是打通下沉市场非常重要的一环。自传播的本质是什么？基于产品自身的吸引力，激发人们自发自愿地分享和传播。下沉市场的熟人圈子、传播链路等，和一线城市有非常大的差别，具备"自传播"的土壤。一线城市本质上是陌生人社会，很多人父母兄弟都不在这里，也没有传统的宗族亲戚，大家庭的概念较淡薄。三四线城市正相反，是真正的熟人社会。两类城市对于社交关系和人情世故的逻辑有很大差异。这就是熟人社会和陌生人社会的差值。

三、规模化

规模化是所有业务做大的基石。蜜雪冰城靠卖出两块钱的甜筒盈利，核心是背后有1万家店。如果没有规模，就无法做到极致性价比。同时，性价比和规模是一个良性调节回路的增强循环。因为量大，可以走量，所以性价比就很高，因为性价比高，购买的人就多，人多了之后规模就能上来，企业通过这种途径不断往上走。对于线下业态而言，如何快速地铺满全国加盟连锁店，则是形成规模化的关键。加盟连锁某种意义上是线下业态极其重要的一种获客方式。

	新一线城市	二线城市	三线城市
人口（万人）	17244	18825	35150
适龄学生人口（万人）	2587	2824	5272
GDP（亿元）	186304	177285	199461
人均GDP（万元）	10.8	9.4	5.7
人均培训开支假设（万元）	1.1	1.0	0.8
市场空间测算（亿元）	2845	2824	4218
假设线下占比	55%	50%	70%
线下空间测算（亿元）	1565	1412	2953
单位门店收入（万元）	1100	1000	900
容纳门店数量（个）	14226	14119	32807
上市公司头部机构门店总数	1198	830	458
上市头部机构总市占率	8%	6%	1%
长期来看小机构出清假设	20%	20%	20%
头部机构市场份额相应提升至	27%	25%	21%
头部机构潜在学习中心数量	3803.6	3487.8	6927.7
头部机构潜在增长空间	217%	320%	1413%

总结一下，下沉市场已经是兵家的必争之地，潜力无穷。上图是新一线城市、二线城市、三线城市人口现状及经济发展规模的预测。头部机构存在近乎1500%的增长量，能做很多年。中国历史上的闯关东、走西口、下南洋，三拨人用三种路径谋生存求发展。如今我们已不用这般颠沛流离，只需把目光投到下沉市场，主打极致性价比，善用产品自传播的特质，并将产业规模化，就能发掘下沉市场巨大的商业潜力。

产品思维与 IP 价值——迪士尼的 IP 矩阵,"国潮"产品崛起如何借鉴

迪士尼作为一个强大的 IP 王国,生产了无数经典动漫形象和故事,包括漫威系列的《神奇四侠》《X 战警》《美国队长》等。

迪士尼通过强化多个超级英雄的版权,通过不断经营的方式,用一个个优质的动漫形象和故事线,使漫威宇宙蓬勃发展。除了漫威,还有皮克斯《玩具总动员》系列以及《星球大战》里的白色风暴兵、天行者等都是迪士尼版图上的分支。

通过财报,解读企业

	Quarter Ended			Year Ended		
	Sept. 29, 2018	Sept. 30, 2017	Change	Sept. 29, 2018	Sept. 30, 2017	Change
Revenues:						
Media Networks	$ 5,963	$ 5,465	9 %	$ 24,500	$ 23,510	4 %
Parks and Resorts	5,070	4,667	9 %	20,296	18,415	10 %
Studio Entertainment	2,151	1,432	50 %	9,987	8,379	19 %
Consumer Products & Interactive Media	1,123	1,215	(8)%	4,651	4,833	(4)%
	$ 14,307	$ 12,779	12 %	$ 59,434	$ 55,137	8 %
Segment operating income:						
Media Networks	$ 1,528	$ 1,475	4 %	$ 6,625	$ 6,902	(4)%
Parks and Resorts	829	746	11 %	4,469	3,774	18 %
Studio Entertainment	596	218	>100 %	2,980	2,355	27 %
Consumer Products & Interactive Media	337	373	(10)%	1,632	1,744	(6)%
	$ 3,290	$ 2,812	17 %	$ 15,706	$ 14,775	6 %

通过企业财报,可以解读该企业的发展和变化,至少看到它的收入是由哪几个部分组成的。上图是2018年迪士尼的财报,能够直观看到迪士尼收入的构成,比如迪士尼影业和迪士尼乐园的营收数据等,由此来解析迪士尼的商业模式。

迪士尼业务板块模式分拆

(1)迪士尼影业

第一个板块——迪士尼影业,包括电影和电视剧等,可谓在影视上做了非常多布局,包括漫威、皮克斯都投入了巨量的资源。迪士尼影业每年能够给母公司带来100亿美元规模的营收。

(2)迪士尼乐园

第二个板块——迪士尼乐园。目前全球范围内只有六家,但营收规模有200亿美元左右。整个乐园的营收规模,相较影视的营收规模翻了一番。

另外,我们要思考一个问题,迪士尼乐园200亿的营收规模中,门票占30%,而非门票的收入占了大头,包括餐饮15%,购物25%,酒店住宿13%

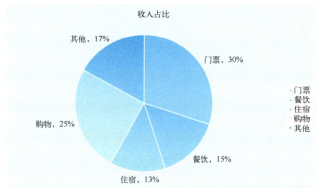

以及其他17%。总体来说，迪士尼乐园中购物的量级非常之大。用户花高价买门票进入乐园，之后还会在乐园里花更多的钱买它的周边纪念品和衍生IP产品。

（3）网络媒体

第三个板块——网络媒体。迪士尼网络营收规模高达250亿美元。这一部分业务在中国国内没有开展，主要是在美国、欧洲等国家和地区，互联网和电视服务商会提供迪士尼付费观看频道。这个频道包含了大量内容，比如米老鼠、唐老鸭等儿童动画片，还有更多的内容被做成系列产品展现。迪士尼通过网络媒体，把业务变成连续剧、卡通片，把拍摄成本和拍摄难度降低，最后通过网络俘获观众，实现订阅收入的持续增加。

（4）消费品和互动娱乐

最后一个板块——消费品和互动娱乐。这一板块也有50亿美元左右的营收，当然这里没有算迪士尼通过打官司挣的钱（每年迪士尼都会因旗下品牌IP的使用情况进行维权）。

以上是通过财报解读出的迪士尼商业模式。迪士尼通过网络媒体、乐园度假区、互动娱乐和IP衍生品，通过影视的维度，把人们喜闻乐见的内容投放给用户，进而让IP串起所有内容；如果乐园没有IP，就不是迪士尼乐园了。而扩大营收规模的核心要素，也是IP。另外是互动娱乐业务，正是因为有了完整的IP矩阵，最终成就了整个商业帝国的兴盛。为什么IP对商业的成功与否这么重要？

IP 为什么能带来这么大的价值？

正向循环的调节回路

迪士尼的业务板块形成了极其优秀的正向循环的调节回路。推荐引擎通过各种算法让用户"上瘾"，这种业务模式背后有一个合理的调节回路——用户看的越多，产生越多的行为，继而产生数据，这些越来越多的数据又让系统更了解用户，就能更精准地推给用户想要的东西，用户体验好，便会继续使用，这是一个不可打破的正向调节回路，最后形成业务壁垒。

以 IP 为核心的正向循环的调节回路是怎样运行起来的？所有的起点始于影视内容。这个业务本质上是文化的载体。我们每个人看电视剧、电影、短视频，都希望看到有趣的内容，这些内容如果是影视级别的产品，即便出现评分偏低的可能，也可以通过降维成网络视频实现更高频次的播放。现在很多 IP 最后衍生在抖音上，进而有更加广泛的内容被制作出来。这种过程就好比当你爱上一个主题，自然会希望主题场景成真，而成真的最好方法，就是让 IP 到你身边，

你也可以进入 IP 的世界。迪士尼做了主题乐园,把所有梦想的场景现实化。小女生买了一大堆艾尔莎的小裙,男生则把漫威的手办买来摆在自己的卧室里。同时,迪士尼的巨量 IP 又发挥了作用,用户越来越喜爱这些 IP,不断有 IP 被搬上荧幕,用户则继续观看,这就是漫威系列的经营策略。把单体的故事和形象,如《钢铁侠》《超人》《蚁人》等系列电影,最后组成一个《复仇者联盟》系列,在不断衍生的正向循环的调节回路中,体现迪士尼的力量。

IP 是串起所有商业珍珠的一条线

IP 就是知识产权。钢铁侠是一个 IP,蜘蛛侠是一个 IP,每个人某种意义来讲都可以是一个 IP。IP 是能够串起所有商业珍珠的线,也串起了巨大无比的迪士尼商业王国。

国潮和时代趋势

一、M 时代

前面说到 IP 带来了巨大的价值,因此一定要深度挖掘,拆分这些价值背后真正的逻辑,而我认为 IP 带来巨大商业价值的原因,是时代的发展。现在这个时代被称为"M 时代",是"Meet"(持续链接)、"My"(自我圈层)、"Mental"(精神追求)、"Media"(媒体趋势)等产生用户方向性变化的时代。

二、消费升级

上篇中提及了消费升级的三个不同阶段,包括第一阶段粮食消费下降,轻工消费上升,第二阶段家用电器消费升级以及第三阶段的文化消费升级。而文化消费升级中一个最重要的环节,就是人们不再仅关注产品的功能体系,更多的是追求文化、设计、审美、情绪化的体验。随着国家的经济水平提高和文化自信,国潮服饰等中国出产的文化符号,变成了一种 IP 化的象征,和我们使用的日常商品产生广泛的结合。现在的商品不仅要有功能,还要有意义,不只是"买不买",而是"为什么要买",以及"买了能够体现和彰显消费者什么样的形象"?以上种种,成了在此次消费升级中最为突出的文化现象和商品符号。

三、文化母体

(1) 性价比与功能

购物,已经不再是单一的对性价比和功能的考量,尤其是年轻的消费群体,愈发重视产品的文化符号。现在很多年轻人在穿汉服,这些服装是一个社群入门的钥匙,一定意义上成为一个社区的"接头暗号"。文化符号和社群传播,都能对消费者的心智产生深远影响。而我们寻找的是打通产品和用户的新方式,也是打造产品定位和推广的重要方法之一。

(2) 寻找文化客体

IP 爆款的本质,是商品的文化客体具象化人格的展现。IP 要有渗透到各个环节中的能力,具有品牌生命力,所以我们需要考虑适合的消费者、品牌调性等要素。很多人会说 IP 好贵，怎么可能买得起，一个迪士尼的 IP 每年动辄几十万……这个时候为什么不利用免费的 IP？盘古开天辟地、女娲补天、后羿射日、精卫填海、夸父逐日、蚩尤、山海经等，那么多优质 IP，为什么不用？再比如网络游戏里的 IP，像曹操、诸葛亮、项羽，无一不是把经典 IP 拿回来使用，把传统文化形象做了改造，最后呈现在游戏里。腾讯通过对这些"免费"IP 的发掘，造就自己的 IP 池，又使得这些 IP 被不断传播，这就是把自己的业务和文化声音结合得很好的例子。做产品一鸣惊人很容易，但是万古流芳非常难。

（3）国潮和文化

上面说了时代特征，说了消费升级，也提到了 IP 打造的一些方法策略，接下来再说说把 IP 做好的一些行业案例。

① 美妆

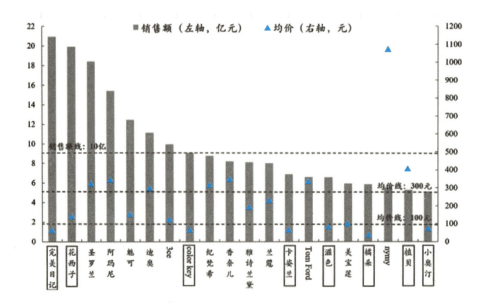

上图是2020年1月至10月美妆品牌销售额,加框的为国产品牌,其他为国际品牌。不难发现国货美妆的发展势头良好。20世纪90年代,国产消费品牌较弱,中国人在内心深处对西方产品有一种向往,所以这时候的中国企业都希望有一个洋品牌给自己做加持。"美宝莲纽约""巴黎欧莱雅",大家对这两个品牌应该耳熟能详。时势造英雄,在每一个瞬间都要做符合那个特定阶段且符合历史大潮的事情。现在的国潮花西子怎么做的?完完全全的中国风,产品的整个色调和审美都是中国风,在年轻消费群体当中有很强的号召力。

② 服装

马克华菲听上去像洋品牌,但实际上它是一个披着"洋皮"的"狼",它是七匹狼旗下的国产品牌,那个年代的商家,只能通过起一堆洋品牌的名字,来实现自己的产品销售。再看中国李宁,中国李宁是李宁旗下的子品牌,它做的是运动风潮牌,在做中国李宁之前,李宁负债20亿元,但是通过中国李宁的兴起,李宁母公司现在盈利破百亿。

③ 饮品

有一个区域性品牌——长沙的"茶颜悦色",尽管在本地已经有了多家线下门店,但总是有排队的现象,消费者甚至要排几小时才能买到一杯倾慕已久的"幽兰拿铁",从这个品牌的名称和LOGO,可以发现浓厚的中国古典文化设计美学的特质。

它所用使用的制茶工艺,是通过一套古法体系加现代生产工艺结合而成。饮品行业如今也出现了一种新的发展趋势,一方面"80后"青睐各式咖啡,而"Z世代"年轻人似乎对奶茶更为热衷,咖啡与茶,像极了东西方两种文化现象与符号的不同表达。除了饮品种类及口味的选择之外,我相信有了中国文化自信做支撑,中国人的味觉体验会产生更多元的变革与新趋势。

随着经济高速发展,用户真正的消费升级,不只是希望消费品牌度更高和质量更好的商品,每个人都渴望成为与众不同的人,这将成为下一个阶段大众的普遍需求。尤其是"Z世代"的年轻人,更加注重自我形象表达和个人身份标签的展示。所以在这样的消费结构中,我们要思考的不仅是产品的功能卖点,更要考虑用户使这种产品后,可以成为什么样的人。每个商品都应该有内在的需求满足逻辑，也要有外显化的身份彰显表征。可以借鉴迪士尼"IP"体系的这种闭环玩法和增长模式，通过内容产出 IP，通过乐园进行 IP 的落地，通过衍生品扩大其影响的规模，最终做成一个有巨大文化能量和持续营收的"商业帝国"。五千年的中华文化源远流长，无数先贤给我们留下了傲人的文化印记，从《封神榜》到《西游记》，从《三国演义》到《水浒传》《红楼梦》，这些都是刻在每个中国人脑海中的 IP 记忆。我们无须羡慕漫威层出不穷的各种超级英雄，只需将传统符号中的神仙和各类神话人物重新打造成本土"时尚偶像"，便能使我们的文化输出从容自然，也可以在这个过程中创造更大的市场规模。

随机性体验带来的成瘾性效果
——小小盲盒如何成就泡泡玛特千亿市值

泡泡玛特发迹史

泡泡玛特的创始人叫王宁，1987年出生，河南新乡人，毕业于郑州大学西亚斯国际学院。早在高中毕业后，他便利用暑期成功创办了一个足球培训班；大二创立了一个叫"Days Studio"的社团，给同学拍MV，卖出上千份校园生活产品。和学霸君创始人相比，王宁没有名校光环，也没有优渥的家庭背景，做生意的头脑一点儿也不差。

2008年的格子店

当年王宁发现有一种新颖的线下门店模式——格子店（这个模式是把店铺分成很多的小格，出租格子，让不同的商家摆放和销售自己的小商品）。他的格子店做得非常成功，开业不到三个月，同一片街区竟涌现了12家相似的店铺来竞争。这次创业间接帮助王宁误打误撞地进入零售行业。在整个开店的过程中，他遇到了很多以前没有想过的问题，比如员工要不要穿统一的服装，导购应有的标准话术是什么，店铺里的格子要怎么摆才能吸引顾客……

正是那几年不断折腾的经历，锻炼了他的商业头脑，也帮他顺利地拿到新浪的 offer。但是在新浪这样的大公司，又很难容下他不羁的灵魂，于是在新浪工作一年之后，王宁便辞职出来创业。正是这次毅然决然的辞职，才有了后来市值千亿的盲盒第一股的故事。

第一家泡泡玛特线下店

2010 年，泡泡玛特在北京欧美汇大厦开店，当时这家店只卖时尚潮玩，基本上是一些好玩的奇特小商品。靠着先前创业的经历，2014 年这家店的营收流水就已经有了 1700 万元左右，2015 年营收在去年的基础上翻了三倍，达到 4500 万元左右。在这一年，王宁发现了一个很有意思的东西——Sonny Angel，这款产品火到只要上架，立马就有人来抢购，店铺的货架基本处于断货的状态。商人的敏锐洞察力，让王宁直接飞到日本和品牌方谈合作。Sonny Angel 母公司面对这个冒冒失失的年轻小伙子，和那家并不令人看好的线下公司，直接拒绝了王宁的合作请求。

2016 年获得 Molly 全球版权

在日本逗留了一段时日，王宁选择回国另寻机会。时间来到 2016 年，他找到了 Molly 的创作者，和对方谈了一个非常好的合作方式，把该 IP 的全球版权拿到手。

王宁给出丰厚的利润分成，也给了 Molly 设计者非常强烈的股份意识。用 49% 的股份换 Molly，直接价值超过 14 亿人民币。拿下了独家授权之后，打造了泡泡玛特的第一个系列。2016 年 7 月份，Molly 星座系列面世，共 12 款设计，59 块钱一个，售价只是以前 Molly 玩具的几分之一，这个系列很快售罄，在全年的销售额中占比一度超过 40%。经过 2019 年一年的磨砺，这个小小的撅着小嘴的小姑娘玩具，卖出 1000 万个，销售额达到整个公司收入的四分之一，非常厉害。

2017 年盲盒自助售卖机上线

盲盒自助售卖机上线之初,公司很多高管并不看好。他们认为自动售货机只适合卖饮料,而消费者用它只会想着买饮料,盲盒和自助售货机根本联系不起来……但王宁有自己的打算,他认为自助售卖机有很多优势,以前有顾客用摇和捏等方式,把门店里最好的盲盒直接买走,而用了自动售货机,就保证了绝对公平。另外,售卖机提供了很便利的购买渠道,能够帮助消费者随时随地购买盲盒。事实上,王宁的这个决策产生了极佳的效果,到 2019 年,自动售货机达 825 台,同时期线下门店不过 114 家。

2020 年上市,IP 矩阵持续吸金

截至 2020 年 6 月 30 日,泡泡玛特总共运营 93 个 IP(12 个自有 IP,25 个独家 IP,56 个非独家 IP)。如今,泡泡玛特已形成了以设计师、零售渠道和产业链为支点的品牌优势。并且旗下签约了如 Kenny、毕奇、龙家升等知名潮玩设计师,推出了众多粉丝喜爱的潮玩产品,凝聚了强大优质的粉丝群体。

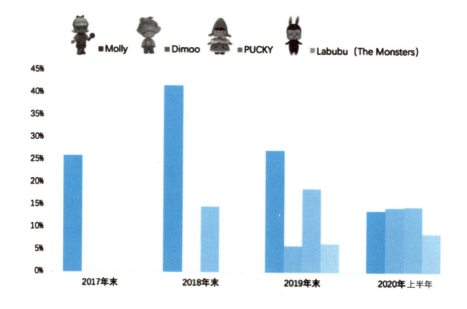

同时，泡泡玛特还与世界知名品牌合作，打造时下年轻消费者喜爱的潮流产品，并且特别关注潮玩市场的源头，与中央美术学院联合举办潮流玩具讲座，邀请业内顶级设计师讲授潮玩知识，助力中国本土潮玩设计师的培养。上图是泡泡玛特核心 IP 营收占比。截至 2019 年，泡泡玛特最大的自有 IP Molly 卖出 4.56 亿元，Dimoo 以及 BOBO&COCO 也分别卖出 1 亿元和 2500 万元。

为什么抽盲盒会如此的上瘾？

一、抽卡的魅力

很多人小时候都抽过小浣熊干脆面里水浒人物的卡片，这种集换式卡牌和盲盒有着千丝万缕的关系。

那个年代，我基本上把所有的零花钱都拿去抽卡了，有些制作精良的卡片，我现在也在珍藏，这是很好的童年记忆。另外，还有一个产品跟盲盒也很像——《阴阳师》。为什么《阴阳师》能成为超级 IP？和网易的营销手段有很大的关系，它利用抽卡的方式让玩家在游戏里得到某种快感，这也是这款游戏最核心的盈利方式，它抓住了人们对不确定性成瘾的特征。

二、斯金纳箱实验

斯金纳箱是这样一种箱子：在箱壁的一边有可供按压的杠杆（大多是一块金属板），在杠杆旁边有一个承受食物的小盒，紧靠着箱壁上的小孔，小孔外是食物释放器，其中贮有颗粒形的食物。小白鼠在箱内按一下杠杆，即有一粒食物从小孔口落入小盒内，小白鼠可取食。用斯金纳箱可以做许多实验。

第一个实验,名为确定性奖励。小老鼠按一下按钮,上面这个口就有食物出现,多次尝试后,小白鼠明白按钮和获得食物有关联,一旦饿了,就去按那个按钮,从而得到食物。在这个实验中,我们得到了一个"会按按钮的小白鼠"。

第二个实验,名为行为与惩罚。把笼子通上电,小白鼠会感觉到疼痛,当它按完按钮之后,笼子"停电",小白鼠不疼了。此后每当它被电,就会按这个钮。在这个实验中,我们依然得到了一个"会按按钮的小白鼠"。

第三个实验,名为固定时间奖励。小白鼠按完按钮之后,没能立刻得到食物。但是过了一段时间之后,它获得了食物。在这个实验中,我们可以得到一个"会按按钮然后等待食物的小白鼠"。

第四个实验,名为概率性奖励,该项奖励是小白鼠按完这个按钮之后,有相对小的概率得到食物。这个实验里我们得到的是"疯狂按按钮的小白鼠"和"出现迷信行为的小白鼠"(比如有的小白鼠在按按钮前做了一个作揖的动作,得到了食物,后来每次按按钮前都作揖,因为它把作揖和按钮联系起来了。还有的小白鼠按按钮前转了个圈儿,得到了食物,于是每次都转圈儿)。

抽卡和抽盲盒让人沉迷的原因,本质上等同于实验四中小白鼠的形成机制,人们对于确定性的东西有安全感,但是对于确定性底层上的一些非确定的要素,会有沉迷感。在游戏《阴阳师》里抽卡,不只是因为变强的意愿,更重要的是抽卡本身带有的那种不确定的刺激感,会让人上瘾。小白鼠的迷信行为在《阴阳师》里也会蔓延,我们在《阴阳师》里画各种符,一旦抽到想要的卡,之后每次都会寄希望于这类刻板行为,以期心愿达成。人类是一种确定性和非确定性交织的矛盾载体,对确定性获得的需求是极高的,但是适度的非确定性,会产生成瘾性。《阴阳师》和泡泡玛特正是抓住了用户的这个心理特点。

活下去就有好事发生

有句话说,活下去总有好事发生。泡泡玛特这家公司很有意思,它的创始人并不是什么天赋异禀的天选之子,学历一般,到新浪打工,辞职之后做了一个小店铺,前面四年一直在赔钱,但只要活下去,总会有好事发生。在这个过程中,他遇到的"好事",正是Sonny Angel。

Sonny Angel是泡泡玛特精明的选择。2015年下半年开始,Sonny Angel的销量从一个月几千,增加到一个月六万,到了平均每二十秒卖出一个的程度。很多限量款一到货,甚至会出现排队抢购的人。于是泡泡玛特的老板发现了商机,他看到一个规则——这款产品是用盲盒的形式销售的,这个销售规则在日本很流行,也就是说,尽管这款产品有上百个款式,但是你并不一定能购买到心仪的款式,因为包装的盒子一样,想买到就需要运气,反而让人有更强的收集欲望。

一、PMF 完成之后，重点发力

市场容量有何特点？消费者需求就在那里摆着，当一个模式被验证了之后，要做的事就是重点发力。下图是 2015 年到 2024 年中国潮玩市场的规模和成长率的评估。

2015—2024年中国潮流玩具市场零售规模及增长率

产品适应了市场的需求，才有价值，才能活下去。2015 年是泡泡玛特的转折点，我觉得也是消费断层的转折点。2015 年刚好是 95 后，也就是我们所说的 Z 世代 20 岁的时候，一整代人开始崛起，年轻人的喜好与过往相比，出现断层的认知。每一代的消费者所喜欢的东西都有差别，这是必然的。

二、Z 世代的特点

Z 世代作为网络消费者和新消费的原住民，逐渐成为一种潮流消费的主体力量。他们是"独生一代"。80 后可能有个哥哥姐姐，弟弟妹妹。但是 95 后这代人，缺乏与同龄人的互动，他们更希望通过圈层进行社交。对于彰显个性和独立的非必需消费品，有着更高的接受度。

泡泡玛特盲盒满足了什么？

泡泡玛特到底满足了什么呢？我认为它满足了五大属性，即情感属性、社交属性、非确定性、收藏属性和价格属性。

情感属性，Z世代的孩子们内心难免孤独，家里没有哥哥姐姐。所以使得现在的宠物市场和玩具市场变得十分兴旺。

社交属性，则是需要有一张社交的通行证。通过这个方式，发现彼此是同一类人。当看到一个人和你玩儿一样的东西，你会会心一笑，觉得在这个世界上并不孤单。人本质上是一种社群动物，离群索居是一种非自然形态。

价格属性也是泡泡玛特成功的重要因素。首先，它有一个前身——积木熊，在2006到2007年已经推出了。那时候称为平台玩具，一群艺术家可以在上面画不同的东西。若干年之后被盲盒冲击，价格从千元跌落。泡泡玛特所属的行业，称为非必需性消费。也就是说，这是一种无用但有趣的东西。价格低廉，又有情感属性，还是社交货币。盲盒和女孩子喜欢的口红，属性近乎完全相同，但增加了收藏属性。

原本的潮流玩具，非量产，高售价，也没有商业化。当年也有一个非常有名的公司叫蘑菇怪兽，旗下的限量品往往是在1000元之上的单品。而泡泡玛特做的是量产，且使用较低定价。盲盒的玩法共同激发出潮玩的另一种方式，再去做饥饿营销。这里面非常赞的一个点，就是隐藏款，是对于限定款的附加值。2016年1月，泡泡玛特创始人发微博问用户，有没有收集别的潮玩。一半以上的人告诉他，收集Molly。于是老板就飞往香港，去买版权。"我们想让一百万个人喜欢Molly，这是我们要做的事情。"这句很有力量的话说服了设计师。

下图这款盲盒是我特别喜欢的日本蒸汽朋克艺术家镰田光司的作品。这款蒸气鳄鱼售价3998元,确实是有点贵的。于是泡泡玛推出联名限定款,把鳄鱼和Molly有机地结合起来,盲盒售价仅几十元。规模化是这个世界上非常美好的事情,艺术在我来看,不应该是束之高阁的精英玩具,应该是大众可以触摸到的,买得起的东西。

盲盒本质上是一种对于二次元世界的向往。二次元世界与外界之间横亘着一道"次元墙","墙"外的人想进去(游戏),同时又希望把"墙"里的人搬出来,进入"我"的生活里。所有的手办模型盲盒都在满足这一需求。盲盒由于其价格的低廉性,使得更多的消费者容易触达,未来也有许多消费升级的机会。盲盒在确定性的基础上的不可确定性,又引发了强烈的成瘾反应,使得消费者欲罢不能,从而成就了泡泡玛特的巨大市值。在下章,我将深度剖析游戏产品背后的情绪心理学以及产品与用户交互过程中情感连接的必要性。我们在思考和设计一款产品的时候,除了关注其使用价值之外,还要洞悉用户对这款产品加诸的情绪价值和情感需求,这样才能使得自身产品脱颖而出。

产品功能设计到情绪设计的跃迁
——深度分析游戏产品的付费设计及沉迷机制

也许有人会问我,为什么要思考一款游戏?首先,游戏也是产品。其次,所有的现象级产品都值得研究。通过分析现象级产品可以反向探索出用户为什么需要这样的产品,并从它的营收模式中,学习其蕴含的商业模式。

用户为什么需要这样一款产品?

一、游戏本身的需求

所有现象级的产品真正满足的需求是用户的底层需求,而人的底层需求并不全是乐观、热情、公益等美德的展现,也包括了一些人性的弱点,如暴怒和趋利避害等。

暴怒和愤怒是有差别的。很多人会认为愤怒是不好的情绪,并不尽然。愤怒是人的情绪的自然表达,暴怒则是不可克制的"愤怒",是一种完全不受控的愤怒的高烈度宣泄。游戏中遭遇淘汰出局、被降级时,用户会本能地被激起暴怒的情绪,这时候他面临挑战和逃走两个选择,如果战而胜之,那么

暴怒的情绪会被释放,否则,很大概率会进行下一局,以期获得胜利,这就是很多竞技类游戏会与暴怒相关的原因。

二、游戏化设计——把心流效应的逻辑用在更多地方

为什么很多人打游戏的时候会有"停不下来"的感觉?这涉及一个模型:**心流+上瘾=长期体验**。何谓心流?心流是指一种人们在专注进行某行为时所表现的心理状态,通常在此状态时,不愿被打扰,也称抗拒中断,是一种将个人精神力完全投注在某种活动上的感觉。心流产生的同时会有高度的兴奋及充实感。

如何产生心流效应?需要满足以下八条标准:

1) 我们倾向去从事的活动;

2) 我们会专注一致的活动;

3) 有清楚目标的活动;

4) 有立即回馈的活动;

5) 我们对这项活动有主控感;

6) 在从事活动时我们的忧虑感消失;

7) 主观的时间感改变;

8) 不断优化的障碍。

要想设计出一款高用户黏性的产品,产品经理要注意将心流效应的逻辑融入其中,比如学习型产品,学习本身是一件反人性的事情,因为人的大脑倾向于低耗能的状态,而学习是件高耗能的事情。为了让用户在学习过程中产生心流效应,产品可以把学习融入游戏之中。这方面也有两个很典型的案例,苹果的互动编程游戏和得到APP,都是通过心流效应的使用,增加用户

黏性。

三、游戏化设计的拆解

前面说了心流的逻辑，接下来再说一下上瘾的逻辑。这里引入一个 DMC 模型。D——Dynamics，动力元素；M——Mechanics，机制元素；C——Component 组件元素。受篇幅限制，本书只阐述动力元素。

人的所有行为都需要明确的理由，比如爱奇艺的影视推荐，在原来的基础上，只是加上了红框中的一句话，给出用户观看本片的理由，搜索点击率随即提升了30%，这个观看的理由就是动力元素。动力元素可以分为**约束**、**情感**、**叙事**、**进展**、**关系**五个方面，接下来将逐个进行解读。

（1）约束

游戏就是限制与强制的权衡，比如打不动 Boss 的卡点、消耗殆尽的体力值、级别不够进不去的副本等，这些都是设计者有意识地加在游戏中的限制。

为什么要有这些限制？有句话叫"人无压力轻飘飘"，人在经过若干次努力后，达成成功的一瞬间，前面的压力势能会释放出最终的动能，这会给用户带来非常大的快感，这种快感对游戏产品来说至关重要。

（2）情感

关于**情感**元素，有个非常著名的例子——蓝绿脚本与情感化设计。

享誉全球的悬疑惊悚片导演希区柯克在片场会拿蓝色、绿色两个脚本。蓝色脚本包括电影拍摄的内容、画面和故事，体现了电影的完成度。而对电影作用更大的是绿色脚本，它包含的是情绪、感受和体验，是对观众情感的操控，蓝色脚本本质上是为绿色脚本服务的。游戏设计中也包含了很多情绪体验，比如屏幕上不时出现的"double kill""triple kill"等，带给用户的就是强烈的情绪体验。

因此情感设计是产品设计中必须考虑的因素。目前情感设计处于消费升级的状态。第一个阶段是从无到有,这个阶段产品很少,任何产品只要上线,都会有人体验和使用。第二阶段是从有到优,这个阶段体验的好坏、界面的好看与否、活动力度的强弱成为决定性因素。第三阶段则变为情绪体验占据主导地位。这是产品从使用到体验再到喜爱的发展过程。

在情绪体验中,还有一个竞争力的概念,外显在功能上最简单的如"排行榜",这个功能最能激发用户"你追我赶"的心理。这里体现的其实是用户的"分别心"(也叫攀比心),希望自己比别人更好、更强,所以很多产品都会加入排行榜的功能,甚至每日的行走步数都会有排名,这就是产品通过竞争力带来的游戏中的情绪体验。

(3)叙事

叙事指的是讲述一个一致、持续的故事情节。如果离开"叙事"这个底层逻辑,所有游戏都是很无趣的动作混杂操作,所以,叙事在游戏中的作用是解释游戏中为什么而战的问题。通过叙事给产品加上特定的情节和场景,同样的流程和操作就会带给用户不一样的体验,例如社交软件Soul,同样是通过算法计算出用户的相似度,但它给用户加上一个"灵魂匹配度"的场景,就可以击中用户软肋。

(4)进展

指的是用户的成长与发展。人都有成长与发展的需要,但大部分人又不具备延迟享受的能力,因此产品要在功能设计中将用户的成长显性化,并将反馈周期变短。

游戏设计逻辑中的是与非、好与坏就是显性化规则。如实时奖励系统与

奖励透明化，明确告诉用户只要按照要求操作就能确定性地获得什么奖励，通过奖励用户未来可能要真正付出的东西，培养用户的信任和习惯，最终形成高效的留存和高付费的可能性。

（5）关系

竞技类网络游戏其社交属性才是支撑其持续火爆到现在的根本原因，也就是说其本质上是一款社交游戏，比如和好友一起"开黑"（玩游戏时语音交流），就是为社交提供了具体的场景，和朋友一起接受挑战，能够带来友情的牢固与提升。那么"关系"能用在产品设计的哪些方面呢？回到微信的"微信运动"功能，其页面上"排行榜+点赞"的设计，既能满足用户晒一晒的攀比心理，也能相互点赞，维持社会关系。所有产品，如果能掌握用户的社会化关系，那么它就能够占有生态位置，"关系"在产品中的重要性可见一斑。

以终为始商业模式思维

上文阐述的都是用户价值，也就是用户为什么会使用这款产品，此外，产品还有另外一个价值，即商业价值，也就是靠什么赚钱的问题。

用户价值固然重要，但产品的最终目的还是要走向商业价值，因此我们在分析一款现象级的产品时，除了要看到人口级的用户之外，还要看到生态级的营业收入。

一、商业模式的思考

每个人都有自己的工作动力，职场人的工作动力大多是靠升职加薪。想

要实现这个目标,首先要懂得公司是怎么赚钱的,然后基于商业模式而不是单纯的用户体验去思考产品,比如爱奇艺的商业模式就是广告、会员以及IP的反向售卖,基于这样的商业模式反向拆解工作流程,这就意味着你的每一天工作都在为公司提高价值和赚钱的可能性。

二、游戏商业模式的几次变革

游戏的商业付费模式经过了几次变革。

第一阶段:买断模式

如STEAM,用户只需要一次性买断这款游戏,后续就可以完全按照自己的喜好随意操作。

第二阶段:游戏内购

游戏内购第一次采取了免费的方式,使得游戏的商业模式发生了变化。先对用户免费开放,随着用户的体验需求不断升级,促使其进入付费环节。

某些知名游戏的内购包含变强、变快、抽卡、变漂亮四种逻辑,基于用户的某种心理需求,让他们通过用钱购买就能实现战斗值的增长、游戏进程的加快及参与抽奖等目的。

三、无用但有趣的巨大价值

除了变强、变快和抽卡,游戏中还有个非常有趣的需求——变漂亮,"漂亮"这个功能的本身并不具备价值,既不能帮助玩家变得更厉害,也无法实现成本的节约,但它为什么依旧能够支撑巨大的盈利呢?

倒推若干年,可以看到一款与此一脉相承的产品——QQ秀,在这个产品中无论是变淑女还是非主流,最终满足的都是变漂亮的需求。

QQ秀起源于韩国的一款名为Avatar（网络化身）的在线娱乐项目，玩家可以通过自由购买服装、房屋、饰品等改变自己的虚拟形象，服务商可以通过这些形象获得收入。

为什么人们需要这款产品？任何产品都有其功能性和其给用户带来的心理满足感，比如保暖内衣的价值是其保暖的功能，而性感内衣则带给用户心理的满足感。用户选择Avatar的理由除了以上两点，还包括网络标识的个性化、获取虚拟世界里的满足感、追逐新奇流行的心理以及攀比和从众心理等，**这些心理为QQ秀这种无用但有趣的产品赋予了巨大的商业价值。**

游戏本质上也是一种产品，很大程度上，游戏满足了人们在现实生活中无法体验到的一种更加剧烈的情绪体验，这种情绪体验的需求构成了产品付费的核心逻辑。同时，游戏本体这种深度沉浸式的体验和很多游戏设计者构建的"沉迷机制"，也是用户在游戏里"乐不思蜀"的重要原因。作为产品设计者，产品设计在很多方面都可以借鉴游戏的设计机制，例如通过每日登录进行相应奖励，通过抽奖进行用户的激活与激励等。这种类型的游戏化设计，是持续提高用户体验和用户留存的有效方法。

下篇：

人和——用户篇

爆款产品的本质与内涵——国货复兴背后的用户心智迁移

国货复兴

国货复兴的核心要素,在于这些年我国经济的高速发展带给国人的自豪感和自信心,构成了潮牌、国潮,中国文化开始释放出强劲的内需动力。

爆款的本质

很多人觉得"爆款"意味着这款产品是畅销品,性价比高,但这些都不是爆款的本质。爆款的本质一定是自带话题,通过强大的话题引发用户的自传播行为,降低获客成本,在短时间内快速铺开销路并且形成品类和销量领先。

用户花钱买产品,一定得是有用的东西。有趣是一种奢侈品,有话题更是极端稀缺的一种品格。温饱早已解决的时候,我们要做的产品,就是一种体验,这种体验如果让人觉得平庸,便难以从中赚取利润,也不会被人记住和分享。互联网时代，一切都是体验经济，用户消费的具体产品都是某种意义上的节日主题。他们希望成为某一种人，脱离冗长乏味的生活，过一次特别的节日。节日本质上是改变当下生活节奏的一种方式，体验一款产品，玩一会儿电子游戏，都是对现实的改变，时间被产品分成一个个类似于节日的节点，这个节点你很快乐。

所谓主题餐厅，到底是用餐的地方，还是一个餐饮主题的文化体验馆？如果是后者，在保证餐饮质量的前提下，很有可能脱颖而出。再比如得物这款 APP，到底是卖鞋的社群，还是在街头文化的社群里加入了电商功能？如果大家还主推前面这种社区功能，大抵是行不通的。不以传播为核心诉求，偏执地追求最后的成果交付，已经不是这个时代的用户喜欢的产品了。"有用"是前提，但只有"有用"是万万不行的。我个人非常喜欢港片里接地气的大排档文化，看似闹闹哄哄且脏乱差的环境，却让人们觉得比法国餐厅更惬意。因为大排档有着非常强烈的主题观感和文化属性，在此地就餐，仿佛回到 20 世纪八九十年代的香港。就像来到主题餐厅之后，立刻就能切换到某种特定的心情。口味这件事极易复制，装修也容易复制，真正难复制的是文化的品格和精神内涵。

用户心智

这几年"用户心智"一词一直被广泛讨论，它的本质是所有产品和品牌都试图追求一种和用户的长连接，使得用户持续且长久地使用一款产品。APP 的核心价值不是软件本身，而是大体量的用户行为数据，它来源于用户和 APP 建立的一种持久长效的连接机制，当使用 APP 进行信息推广、内容宣

传、电商购物时，可以让用户为运营者产出持续的经济效益。在这个结构中，传统网站最大的问题是用户"用过即走"。在获客成本如此高昂的今天，我们不能仅追求一次连接和单次交易的结构，而应该追求长久稳定地和用户共同成长的机会。

网红的本质其实也是在做一种长久连接。十几年前的网红，几乎无法和用户形成有效的链接方式。如今，"关注"这个按钮出现后，改变了原有的网络生态结构和经济结构。用户关注之后，网红就拥有了一种和用户量巨大的APP类似的用户连接能力，通过爆款内容吸引用户进行观看，之后将其转化为自己的粉丝。在粉丝结构中，网红再去发送新的内容，展示新的直播，售卖新的商品，用户可以与之发生后续的关联，这就形成了一个有持久复利的资产化价值。而在这个过程中，爆款的底层逻辑在于"品牌"。

品牌是在用户的心智层和场景及货品，即"人-货-场"结构中形成的一种有效连接关系。"怕上火喝王老吉"这句广告语就是"上火"这个"场景"，和王老吉这款"货"之间的有效连接手段。同样的使用场景，也用在了"去头屑，当然海飞丝""防脱用霸王""今年过节不收礼，收礼只收脑白金"等一些有着明确心智锚点式的产品上。

品牌推广的大力投入，如做出非常"穿脑"的广告语，无一例外都是希望改变或注入用户的心智认知，形成自身与用户的长久连接。当然，在这个过程中要考虑用户心智如何和传播相联系。有一个餐饮行业的传播案例——海底捞的"抖抖面筋球"，很多用户拍摄了用虾仁儿和面筋做面筋球的趣味短视频放到抖音平台，引发大量媒体传播，继而吸引很多用户到海底捞食用虾滑和面筋，甚至促使海底捞开发了"抖抖面筋球"这一单品。这类传播效果的核心，是通过创意让用户自发帮助产品或品牌去传播，这些灵感在自媒体

时代尤为重要。

我曾经帮很多企业设计过类似的自媒体传播模型,其中有个很重要的观点就是,单纯运营抖音这样的自媒体账户并不重要,而发动消费者,替企业或品牌做传播是关键,只要开门做生意,便会有用户到来,如果有1万个人到店,其中10%的人能为企业做自传播,那每天可能就有1000条传播视频出现。这1000条视频中,假设每条视频账户只有100个粉丝和好友,那就意味着这种传播视频可以被10万人浏览观看。如果粉丝再进行分享,出现第二次和第三次传播,这样的链式反应才是一个品牌成就爆款的关键要素,这是社会化力量的体现,同时也是用户心智迁移的另一种表现形式。

国潮为什么兴起?有两个原因,一是文化自信,二是用户心智迁移。经济基础决定上层建筑,我国改革开放后的经济建设取得了巨大成功,由此带来了文化自信。随着Z世代年轻人的崛起,他们享受到国家经济腾飞的巨大时代红利,他们的回忆中完全没有粮票,没有物质匮乏的印象,只有经济发展、城市建设和自己家庭变富变强,所以他们对未来充满希望。因此,穿着汉服这类有中国传统文化符号的国潮服饰,就成为他们彰显民族自豪感的一种方式,也成为他们和上一代人进行区分的符号与象征。

每一代人都希望能够有自己的时代感,而上一代人由于生活环境的原因,更倾向于通过一些洋品牌来彰显自己的独特个性和审美情操,因此会出现"马克华菲"(本质上是七匹狼旗下的中国企业),以及"美宝莲纽约""巴黎欧莱雅"这样的品牌。如今,这样的品牌诠释方法,已然成为一种只属于上一代人的"遗老"作风。

如今,"中国李宁""花西子"这类国潮产品,除了给用户带来文化自豪感,更重要的是能够和其他人产生明确的文化界限。当你喜欢产品"A",那

么我便去喜欢产品"B","君子和而不同"莫过于此。因此,国潮复兴的背后,用户心智迁移起到了非常大的作用,而用户心智迁移正是一种中国文化自信最好的外部呈现。

互联网时代多元且庞杂的信息,使得我们偶尔忽略了传统文化。随着经济发展,用户形成的文化自信尤为珍贵。与此同时,在我国广袤的土地上,还有着因经济发展不均衡所形成的"时间差"。基于此,在下沉市场产生了巨大的用户增量空间,在下章中将进行详细的阐述。

挖掘用户增量空间——下沉市场巨大机会及时间机器

为什么下沉市场会有那么大的魅力？

下图是2018年到2019年移动电商下沉市场活跃用户的规模及占比。电商下沉市场的用户规模已经达到了什么样的量级？2018年10月到2019年11月，一年的时间内，从3.05亿人扩展到了3.84亿人，增幅惊人。由此可以

联想到，爱奇艺之所以提升会员价格，因为市场红利已经基本上消失殆尽了。没有市场红利，推广推不动，意味着或是拓展新的市场，或是对老用户提价，这是两个几乎必行的策略。这张图上的用户规模和占比，很像若干年前的互联网二三线城市的下沉状况。

新一线城市、二线城市、三线城市，人口的规模量是多少？新一线和二线加起来，才等于三线的数值。基本上可以认为三线城市就是新一线和二线加起来的总和。而对应 20% 年增速可维持的年数是多少？新一线只能维持 6 年，二线 8 年，而三线城市有高达 15 年的机会。头部机会的潜在增长空间，新一线能翻倍，217%，二线城市能翻三倍，达到 320%，三线城市是 15 倍，这里面带来的增长很诱人。一个如此之大的空间，所以说扩大内需这件事是非常重要的。

通过供需关系带来的平衡，形成良性的闭环，一切才能井然有序地发展。头部的互联网厂商，也用了各式各样的方法进行产业布局。淘宝做了聚划算、淘宝特价版等，这就是淘宝的一个赛马机制。腾讯内部也有非常知名的赛马机制，通过若干个团队，无论是游戏，还是新项目，一帮人竞技，总有人能跑出来。苏宁易购做了零售的云门店，已经覆盖了 250 个地级市，2800 个区县，48000 个乡镇。大公司的优势正在于此，资源多到可容纳若干支团队一起去干一件事。同时我们也看到了政策的支持，从 2016 年开始，国家有促进电商精准扶贫的指导意见，2019 年深入开展消费扶贫，2020 年促进消费扩容，提质加快，这都是扩大内需的部分。

看待一个行业的发展变化，要用 PEST 分析法，P 是政策（Politics），E 是经济（Economy），S 是社会（Society），T 是技术（Technology）。整个社会内需正在不断扩张，国家给出很多利好政策，所以下沉市场势头良好。

时间机器

来说说一个行业传奇人物，日本软银的老板，马云的投资人——孙正义。孙正义最著名的投资项目是阿里巴巴。他的名字很像中国人，其实是日本人，一直研习孙子兵法，以孙子的后人自居。他有一个重要的框架理论叫作时间机器——Time Machine，也是他的投资哲学。具体来讲，他认为美国、日本、中国这些国家的IT发展阶段不同，尤其是前二三十年，美国的发展阶段比较靠前，日本次之，中国再次之，再往下是印度。在日本和中国IT技术发展的程度还不够成熟的时候，他先去美国开展业务，等到时机成熟时杀回日本，日本之后进军中国，中国之后再进军印度。如此这般，仿佛坐上了时间机器。这里面的玩法无外乎就是，已经知道未来的所有变化，回过头拿着更高的认知，高维打低维。

孙正义的时间机器做到了什么样的效果？1996年美国硅谷的互联网浪潮开始发酵，孙正义看好当年的雅虎，投入了1亿美元。雅虎上市之后，孙正义仅抛售5%的股份，就获利4.5亿美元。在美国赚到钱之后，他"扎"到日本，成立雅虎日本公司（软银控股51%），后来成为日本最大的搜索引擎和门户。然后他又投资中国及印度的互联网，包括中国的阿里巴巴、盛大、人人网、PPTV和印度的Email Pay，这些操作都使用了相同的逻辑。

把时间机器用到我们的产品中，利用时间，成为时间的朋友。现在很多下沉市场的打法，本质上也是运用了我国幅员辽阔，经济发展不均衡所形成的"降维打击"时间差。以拼多多为例，电商平台在一二线城市已经形成了完全饱和的竞争态势，京东和淘宝的两强结构难以撼动，并且它们也在不断尝试产品升级，京东不断优化同城配送体验，淘宝通过天猫不断优化自身产品的质量，竞逐的焦点似乎一直放在消费升级的板块。在中国城镇化改革的历史进程中，三四线城市接触到互联网和电商的人越来越多，沉迷于"战斗"的京东和淘宝，并没有把目光焦点放在这类人群身上。而拼多多正是抓住了历史进程中的市场机遇，为这些互联网不太发达的地区"量身定制"了相关的产品功能。比如三四线城市的用户对互联网产品的使用并不熟练，所以拼多多去掉了"购物车"这一功能，让购物、结算变得更便捷。由于这些地区的经济发展程度相对一般，拼多多采用直接连接供应商的方式，为更多用户提供廉价商品。在传统农村经济和城镇经济中，人与人之间的连接更加密切，人们愿意通过在一个社群中彼此分享水果和卫生纸等商品的购买链接，作为自己的社交货币，于是拼多多借助这股"东风"，形成自己增长的强大闭环，用极低的成本做到广泛获客，成为中国电商的第三梯队。很多人认为拼多多只是用廉价的商品打进市场，殊不知这些商品在京东，在淘宝本来有之。拼多多真正的"打法"是，采用淘宝在十几年前的策略，服务当下还没有获得足够重视的市场和用户。

同样的道理，一线城市的传统超市不但市场饱和度高，并且随着电商的冲击，早已经是一个日薄西山的行业。但在河南新乡这样的城市，有一家叫"胖东来"的企业，如怪兽一般侵吞着市场，甚至一些城市的本地超市听闻"胖东来"要来，立刻产生抵触情绪。因为一旦它进入，这些超市可能都会销声匿迹。

"胖东来"所采用的策略也有时间机器的影踪。RIO鸡尾酒、精酿啤酒、西班牙火腿这类在一线城市的中高档超市中是常见的商品，但这些商品却是很多三四线城镇的稀缺"尖货"。"胖东来"正是利用其强大的供应链体系，把这类商品送到了三四线城市消费者面前。

虽然现在电商的普及度很高，但是仍存在商品展示效能不高的问题。如果消费者不知道某个商品的存在，那他们就很难真正触达这些商品。由于消费者对产品观感和触感存在差异，难免出现"第一次选择困难"的情况，当他们能够闻到、嗅到甚至品尝到这些商品的时候，则会对购买行为产生极大的推动性。回想若干年前，当一线城市的消费者在沃尔玛或山姆会员店第一次接触里面的产品的时候，也曾经有过非常高昂的购买热情。只不过现在他们把更多消费习惯放到了盒马鲜生和每日优鲜当中。三四线城市的消费者只不过是重复着几年前一线城市消费者做过的事情。

"胖东来"绝对不只是把一线城市昂贵的商品放进供货链，它还利用自身的渠道铺货优势，尽可能上架三四线城市老百姓日常生活所需的商品，价格足够实惠，同时线下门店的店铺环境整洁漂亮，有格调。丰富的品类，再加上商品的极致性价比和商家的优良服务，构成了胖东来在三四线城能够形成降维打击的基本逻辑。

时间机器可以广泛用于各个产品层面，核心是先跳出自己所处的地域，再思考自己的业态应该怎么发展。可以看看行业中最先进的业态可能是什么，它在几年前曾经是什么，你所在的城市正处在哪个阶段，它又将向着何种方向发展。站在时间的前方，提前做好储备，当时代大潮推向你，你便站到了时代的风口之上。

社会化群体营销——节日经济特征如何引发消费流行

峰终定律

节日背后的底层逻辑是"社会性共同活动认知",如果某个人平日里打扮成圣诞老人的样子给小朋友送礼物,人们可能会觉得很怪异。同样,我们也不可能天天给亲戚友人拜年,说新年快乐。而到了某个时间点,某个节日的时候,大家有了一个社会共同活动的认知,这些活动就会自发地开展,甚至被提倡。这些活动和你平时的生活形成鲜明的对比,其实就是"峰终定律"的体现,"峰"是一个特别高的点,"终"就是最终的时刻。

在中国人的文化里,春节意味着归宗和归乡,意味着家人团聚,普天同庆,这也是每年春节人们想尽各种办法都要回到家乡的原因。"春节"不是一个普通日子,它是我们几千年文化的传统,这一天的合家团圆意义非凡。到了这一天,如果不回家,我们内心就会失落和痛苦,我们渴望每一年的春节,渴望在旧年的终结和新年开始的交界点,与家人共度。

如何用节日做营销节点

双 11 购物节,其实就是在引发了社会共识之后,占用了一个原本存在的节日本体(光棍节)所做的营销活动。由于光棍节很多人无事可干,那不如"买买买"好了。时间本身并没有意义,它只是一个具有连续性和流动性的概念。但如果我们能够赋予一个时间点意义,再让大家接受这种意义,形成共识,并产生共同行动,就能主动制造出"节日"了。

一、心智锚点

双 11 通过"买买买"这个动作,给用户带来了哪些心智变化?以前"买买买"是需求主导,人们需要一个东西才会去买,牙膏用完了才会有买牙膏的需求,卫生纸也是一样。而通过双 11,电商将购物变成了习惯主导,每年买两次牙膏,一次在双 11,一次在 618,而且总是很容易买一堆用不着的东西。如果一个产品,只有在用户需要的时候才会想起,那它就是"备胎",以用户需求为主导的产品,作为提供方就会非常被动。而当这种需求变成习惯主导,用户习惯性地找产品来用,那它就是一个非常成功的产品了。淘宝用节日营销,把线上购物从低频变成高频行为,原来以"月"为单位采购的生活用品,通过某些营销推广活动,比如"盖楼"、整点抢券、付尾款等,把低频的消费场景变成高频习惯。另外,将"刚需"变成"非刚需"。大家总觉得双 11 购物省了不少钱,但你有没有想过,双 11 抢购的很多商品并不是你的刚需?结果就是商家的"GMV"(商品交易总额)上去了,你的钱包空了。

电商利用节日营销,把双 11 中变成了某种"普遍认知",消费者到了这天就应该买东西,成功打开用户心智,电商平台再配合一堆"大促"。一个"推",一个"拉",交易就达成了,从而使得消费者在这一天习惯性地逛电商APP。通过节日的节点,最终完成用户习惯的培养。

二、是否可以主动制造节日

上面我们已经分析了节日的作用,那么如何利用节日来为产品做营销,如何通过节日给用户养成心智锚点,以及我们能不能主动制造节日?离不开三个逻辑动作。

首先,要寻找一种"新"但"弱"的节日,"新"意味着用户愿意传播,"弱"意味着当下还没有明确的人占领先机,而一旦你成功"抢跑",找到合适的时间点和玩法,配合合理的产品逻辑,再加上后续强效的运营驱动,就有可能主动制造一个节日。

"民以食为天",美食是一个很重要的社会化群体话题。中国地大物博,每个地方的饮食习惯偏差极大,各地美食的口味呈现出明确的离散化的特点。很多人在每个节日中都有自己特别想吃的东西,但很少有人想过给美食本身过一个"节"。如果有广泛的社会共识,便具备了衍生出一个美食节的条件。所以要寻找一个时间点,找到符合大家认定这是一个和食物相关的节日的标准。比如说"517",谐音"我要吃",摇身一变,就成了和美食有关的"节日",这个"节日"是我前几年帮某些企业做的营销活动。当时想到了采用"谐音梗"的方式,最符合要求的时间点就是"517","我要吃"的噱头,提供了一个恰当的"场","我要吃什么?"便可以匹配不同的"货"。这个活动联合了海底捞火锅、三只松鼠等企业,请来上百个直播主播共同打造了"517"美食节。在这个节日中,吃到的是更加新鲜、新潮、有趣的食物,再配合着假日主题和活动营销,共同烘托气氛,再慢慢夯实内容,最终成为一个"节日",并产生了一定的消费效果。

越来越多的营销活动在采用类似的方法去"造节",例如"520",年轻人期望有更多的"情人节"可以过,因为传统节日往往是家族齐聚一堂的时间,他们需要通过新的节日给"约会"一个明确的"时间借口"。每年2月14日的西方情人节,加上中国传统的七夕情人节,年轻人只有这两个节日还不够,他们希望在互联网语境中找到一种利用"谐音梗"构造出来的新节日系统,因此有了信息时代的爱情节日"520"。还有部分小众圈层的节日也在这个过程中应运而生。从"1024"程序员节再到 bilibili 开启10月10日的"萌节"(十月十日四个汉字合在一起即为"萌"),这些节日最大的特点是什么?是"懂的人都懂",属于小众圈子的"梗",成为大家彼此相认的身份识别符号,人人都渴望着和别人连接,证明自己并没有那么孤单。而通过一个"梗"连接越来越多的人,使得社会群聚效应开始呈现。小众群体的连接与破圈的这种方式,正是节日经济的基本特征。

如果你的产品和用户具备某种明确的小众流行的"梗",不妨想一想什么样的时间和节日符合其调性,你就有可能"造节"并把它据为己有,从而引发新一轮节日经济。

用户对"非确定性"的沉迷
——通过斯金纳箱机制让用户产生持续黏性

前面已提过斯金纳箱实验。本章着重叙述斯金纳箱机制让用户对产品持续产生黏性的成因。

确定性和非确定性

斯金纳箱实验的结论,同样能够应用在人类的某些行为上,比如某类游戏中的抽卡奖励,淋漓尽致地展现了人类是一种"确定性"和"非确定性"交织的矛盾载体。为什么我们会对确定性与非确定性这般着迷呢?

人类渴望确定性,因为确定性提供了巨大的安全感和获得感。当我们去购买一包方便面的时候,一定不希望里面是一个非确定性的口味。但是人的需求永远"欲壑难填",当满足了温饱之后,就会思考一些新的东西,追求新的刺激。而非确定性就在这个阶段成为我们需要的新的产品形态。

盲盒的底层便是斯金纳箱的"不确定性",人心甘情愿地做了那一只不断按按钮的小白鼠。盲盒的体验并不只是最终得到一个玩具,更多的是抽盲盒那一刻的期待与快感,和最终是"心想事成"还是与预期有偏差的情绪产生

碰撞。

在盲盒生意中，确定性和非确定性到底是什么关系？玩家为什么会喜欢盲盒？第一，每一款盲盒确实漂亮。第二，开盲盒的时候，许愿抽中想要的，这种细微的心理感受是非常酷的一件事情。这里面有一个社交货币——利用人乐于和别人分享的品质，然后塑造自己的产品或者一种思想，从而达到口碑传播的目的。泡泡玛特这家公司做了十年，但真正做盲盒只有四年，在四年里，有如此井喷级的变化，成就了一个千亿市值的公司。很少见到泡泡玛特投广告，很大程度上是来源于用户的自传播。抽到了一款很好看的盲盒，可能就会拍照发朋友圈，"晒"的行为促进了传播。所以想让一款产品真正做到爆款，本质上是要让产品的用户愿意积极主动做传播。

社交货币

如何才能产生用户自传播的效果？核心是在用户的心智中植入社交货币。海底捞的"抖抖面筋球"之所以成功，在于它让用户觉得参与其中足够有趣。在现在消费升级的结构中，产品"有用"已经远远不够，而有用、有趣、有话题三者的结合，才能为用户创造出独特的情绪体验和情感溢出的效果。当用户产生足够的情感溢出后，便会愿意将其分享给别人，也彰显了自己独特的审美，这时品牌再借力，就会出现最大的传播效能。

类似的方式，在长沙的"文和友"，北京的"暖暖锅物"，包括全国连锁的"行运打边炉"中无一例外地都有体现，在菜品设计层面，利用动效让用户主动拍摄抖音视频并进行分享与传播。这种设计让用户在进入门店那一刻起，体验到某种文化氛围与独特的故事场景，使得他们愿意身在其中，自愿

进行分享。使用情感和故事的叙述手法，将其融入产品和商业之中，让用户自发地在用户心智里形成分享的效能，才是打造"爆款"最重要的一种新型方式，而不是依赖广告投放本身。

为什么用户愿意主动分享？还可以联想到拼多多，以利诱之，让你去分享。但我觉得以利诱之永远比不上以情动之。

社交币分类		
展示币	体现格调	比如：晒出与名人共进晚餐照
猎奇币	满足好奇心	比如：地球已被外星系观察多年
趣味币	增添生活趣味	比如：为某个事件写个段子
安慰币	获得心灵慰藉	比如：佛学和卡耐基成功学
文艺币	满足文艺追求	比如：世相叫你去地铁丢书
上进币	满足自我提升	比如：听某大V新媒体分享会
娱乐币	获得精神愉悦	比如：看电影听音乐好放松
健康币	满足养生需求	比如：苹果这样吃才有营养
爱国币	体现爱国情感	比如：晒出主旋律电影票票根
形象币	满足形象展示	比如：有气质的人原来是这样
利益币	能满足获利的心理	比如：有奖转发和送礼物
卖萌币	表达对"萌物"的喜爱	比如：晒熊猫卖萌可爱图片
懒惰币	满足快速获取信息的能力	比如：一张图读懂苹果发布会

还可以通过社交货币的方式让用户主动参与分享，形成传播链路。通过联动著名的IP，泡泡玛特有了出圈的方式。用户愿意入这个坑，可能就是因为喜欢的艺术家和泡泡玛特出了联名款。价格又很便宜，买呗。迪士尼的粉丝，漫威的粉丝，哈利·波特的粉丝，都会为这个联名付费，不断地破圈。在这个过程中，利用消费未知的心态，让人上瘾。

据说有一些盲盒的爱好者，在店里买完之后，带回家洗手许愿再拆开，在一些视频网站上直播拆盒。还会在社交平台上分享彼此买了什么样的盲盒，拆了什么样的造型。资深的玩家发布经验帖，教大家如何通过尺寸、重量、手感，判断盲盒里面是什么样的东西。除了这些自发的交流之外，泡泡玛特官方推出了一款 App，有点像玩具版小红书，用户在上面可以交换闲置娃娃，可以分享故事，认识朋友，通过小游戏小程序的方式，增加粉丝购物的趣味性和分享性。泡泡玛特官微也会抛出当下粉丝最感兴趣的话题，邀请粉丝晒照片，新品面世的时候，发起猜娃送礼物的活动和玩法，再通过不定期举行的商场主题展、设计师签售会、线下快闪店等互动方式，带来更多沉浸式的体验。

在设计产品时，除了基本功能要足够稳定，也少不了提供"情绪化"的设计，构建用户和产品之间的一种交互效果，通过一定的非确定性惊喜激发用户持久探索的欲望，使用户对产品产生真正的黏性。一个完全确定的产品，只能是如水一般，尽管是必需品，但很容易被人忘掉。唯有一个能够不断制造惊喜与冲突的产品，如迪士尼的灿烂烟火，如网红店的异彩纷呈，如某些 APP 上不经意的小彩蛋，才能在用户心智中留下深刻的印象。

人类对"非确定性"的沉迷，能够让用户对产品产生持续黏性。另一方面，我们能否基于情感属性，对"人、货、场"进行重塑，从而解决一些用户和产品连接过程中的问题？下一章将对此展开分析。

重塑"人、货、场"
——如何把远处的风景带到用户身旁

网红店的本质是什么？

提到景点，我们想到的可能是绝美的自然风景或纯朴可爱的人文风情，或者是陌生之地的"诗与远方"。事实上这些都不是"景点"。透过现象看本质，景点并不是一个场景，而是"场"和"货"相结合的产物。景点提供了一种非凡体验，游客登顶珠峰、潜水大堡礁，这些都是一个又一个的体验，并由此带来了"体验经济"。这里的"体验经济"不是说游客到了长白山顶，消费一瓶长白山矿泉水（这只是一个实际的体验），而是游客在长白山感受了以往没有的体验，以"体验"感受"价值"。

这种体验价值，是一种有着强烈情感的体验。比如游客到一个地方，并不是真的要把当地人十几年的生活实打实地经历一遍，相反，他们需要的是情感化体验。游客在"走马观花"的体验中，激发出了一些愉悦、激动或沉重的情感。同时，景点还具备"社交货币"的属性。现在我们到某地旅游，都会拍照片，配合文字发在社交平台上，这个过程其实就是景点带来的"社交货币"的体现。

回到标题里"网红店的本质是什么?",网红店就是我们身边的"景点"。我们去"喜茶"点一杯奶茶,它的包装很精美,也很好喝,随手拍一张图片发在自己的社交平台上。但它真的值这个价格吗?人们买的是店里的体验,而不仅仅是消费里面的产品。就像上面分析的那样,网红店给人们提供了一种情感化体验,在此种体验之下,大家也乐于把自己的感受通过社交平台表达出来。

风景很好,但旅游有体验问题

景点的风景固然很好,很美,但是旅游始终有它的缺陷——高成本,低频次。一般情况下,人们一年只有两三次的机会旅游出行,而且还是琢磨很久才决定的"重决策"活动,涉及路线、时间、资金等。加之旅游产品的个性化往往比较低,游客的景点消费,实际上消费的是固定产品,并不能实现"私人VIP"式的体验。同时,很多景点和游客的互动性也略差。这些就是当下旅游产品亟须解决又很难解决的问题。

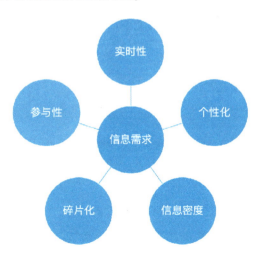

信息需求正在向着更高实时性、更强个性化、更大信息密度、更高参与性、更加碎片化,并且面向尘埃化的方向发展,在旅游市场也存在着信息需求的变化。人们都向往说走就走的旅行,而向往的事情往往很难做到,人们的出行大都有很强的计划性,因此旅游的实时性很差。虽然景点的信息密度能满足游客需求,但大都是碎片化信息,且景区的参与性也一般。

景点经济的代际差异

第一阶段

第一个阶段是"靠山吃山,靠水吃水",比如喀纳斯湖,这是地球留给人类的明珠,非人为建造。这些景点出现在什么地方也是不可控的,喀纳斯湖只出现在我国新疆,风光甚好,但你想让此美景常驻你家门口,那可就是天方夜谭了。所以这类景点,更多依赖的是原有的旅游资源,特点是周期长、距离远、单价高、游客体验上乘。

第二阶段

第二个阶段是将自然美景变成人工景观,其中的代表有迪士尼、欢乐谷、长隆等人造景观主题公园,它们都是人造景观的集大成者。在这些人造的超级景观里,以人工设计的体验系统为主。比如迪士尼,它是一个"造梦机"。从游客进入乐园的那一刻起,他们就成了"梦中人",那些陪伴自己童年时光的卡通人物伙伴们突然出现在眼前,着实令人又惊又喜。因此,迪士尼"卖"的是一个童年梦境,通过 IP 的打造,将商业系统融入产品系统中,并售卖各

类周边商品,此类景点的特点是周期短(1~3天)、距离相对长、体验好、价格适中(价格比旅游产品便宜很多),并开始呈现"轻量化"的状态。

第三阶段

第三个阶段的变化发生在景点的"住"上,出现了民宿和度假酒店。原本这些酒店小一点、破一点没关系,干净就好,能够满足游客住一晚的需求即可。后面出现了像悦榕庄、安缦这些优质的民宿品牌,营造出人工设计的体验系统,一个身心疲惫的都市人,周末来到民宿度假,目的是放松心情,而不仅仅是找一个落脚住宿的地方。民宿给了顾客"家"的体验,却又不用顾虑"家里"的家务,不用操心收拾碗筷、打扫房间等琐事。这个阶段的特点是距离近(一线城市周边都有这样的体验系统)、价格适中(一千元左右)、周期短、体验高。

第四阶段

第四个阶段是"网红店",这里的"网红店"是泛指,包括了我们很熟悉的喜茶、快闪店、西西弗书店、城市展览等,这些店铺有一套完整设计理念下的体验系统,它们的特点是距离近(和消费者的距离以公里级别计)、价格低(甚至不要钱)、周期短、体验适中。我们可以用视频媒介的类型,阐述体验感的层级。

当我们讨论看电影的体验感受,电影院是最好的,其次是大屏幕的投影或大电视,再次是PC端,最差是手机。手机的体验感很糟糕,但是它的周期短、距离近,更加方便,用户决策成本也更低,我们大多也是在手机上看电影。其实用户对体验的要求,没有想象中那么高,反而对便捷性有一个更高的综合决策需求。所以，人们基于对情感属性的升级，造就了这个阶段代际差的底层逻辑，并重塑了人、货、场的关系。

基于对情感属性的升级，重塑人、货、场

人

"网红店"的基本逻辑是社交传播，这些店铺生产出丰富的"社交弹药"，提供给具有传播效能的人（尤其是年轻人）。

场

"场"是一个自带体验消费的货场，这个场景里有一种完整的体验。

货

最后，货是在商品的基本属性之外建立的一个强烈的情感连接，这样一来，"货"才会真正有意义。

在思考和构建一个产品的时候，除了考虑现有的外在形态，更重要的是

用一个高维观点来思考用户和产品连接过程中用户的底层需求。无论是其功能价值还是情绪价值，拆解得越透彻，就越有可能构建新的产品与服务系统。

谈及旅游的时候，多数人会联想到飞机与火车，蓝天与白云，美食与美酒等，但如果站在用户的心智思维的角度来代入他"逃离此刻"的心态，就会发现解决问题的路径远不止远程的旅游产品，因此也就能构建出新型的旅游体验。从远处的风景到周边的民宿，再到身旁的网红店，甚至家中的手办与玩具，都是"风景"和我们发生关联的方式。认为只能"靠山吃山"，无疑是狭隘的想法，如果能洞悉用户的底层需求，就可以根据自身拥有的资源禀赋，重新搭建用户所需的新型产品。比如，没有山，是否能够搭建一个好看的网红店？没有店，是否可以给用户一个在家里就可以玩遍天下的"身边的风景"？风景本身似乎并不重要，重要的是你的产品能否满足用户真正所需。

能否满足用户真正所需，在业态的"形和式"之外，"不着于象，发源于心"，才是看待产品更加高维的观点。产品的终极使命是为用户服务，结合当下的时代背景，还有哪些举措可以更好地吸引用户注意？下章将重点分析用户注意力聚焦这件事。

碎片化时代的用户焦点
——M时代背景下用户主力如何聚焦

"M时代"的特点

"时代"一词，意指以经济、政治、文化等为依据而划分的不同的时间阶段。在本章中，我将和大家聊聊让用户习惯发生方向性变化的"M时代"，以及在这样的时代背景下，用户注意力该如何聚焦。所谓"M时代"，是指体现当下时代特点的概述性称谓，在下文将逐条阐述。

一、持续连接

"Meet"，即持续连接。现在的品牌和产品都在追求和消费者的长连接和深发展。品牌的本质是降低用户的决策成本，使得品牌和消费者之间形成长连接。比如，用户买牙膏立刻想到高露洁，买洗发水最先想到飘柔，这些都是心智上的长连接的体现。而APP是整合品牌和产品的综合体，它巨大的价值来源也正是为用户提供了一种持续长连接的体验。用户安装完APP后，商家就会通过不同的激活手段来增加和用户的沟通。这种沟通的价值也可以在畅销连接中有所印证。papi酱前两年为什么那么火？这些价值都来自"关注",有了关注关系后,意味着用户只要关注了某个博主,后者就可以利用优质内容吸引更多的用户,以此形成后续长久稳定的沟通管道。类似的直播带货、商业广告,基本上都是相同的逻辑。

不同时代下的持续连接有不同的形式,如今 IP 起到的是一种润物细无声,且跨越所有边界的作用,它可以在商家和消费者之间进行持续连接。我认为 IP 的一个标准是出圈,出圈有效才叫 IP,出圈无效就不是 IP。IP 是跨产品范畴的存在,它不仅仅是大众习以为常的事物,还要有足够的社会认知,甚至主导消费决策。为什么迪士尼的米老鼠有这么大的价值?仅靠形象授权就能有源源不断的经济回报?当然不可能。一切皆因它形成了标志性的 IP,这就是持续长久连接中,跨圈传播 IP 的真正价值。

二、自我圈层

"My",即自我圈层。人对信息的需求越来越向着个性化和碎片化发展,我们逐渐希望对所有事情有所掌控,希望掌控自己的时间,希望 APP 能精准推荐自己感兴趣的内容,殊不知,我们一不留神便滑入了"自我圈层"的包围之中。

很多头部互联网产品,包括抖音和快手的服务,从供不应求变成供过于求,碎片化的趋势越来越明显,推荐引擎加上订阅,人们被信息"投喂"着,处在内容舒适域中,你想看的才是"头条",有时候就会出现小圈层 IP。比如 AJ 鞋,第一次出圈是黑人的街头文化,某些非洲裔群体认为穿上此品牌的鞋,就能成为像乔丹一样成功的人,用信仰加持物品,让人变得更有力量。第二次出圈是 HipHop,人们认为穿上文化符号的东西,可以代表自己的审美品位,是"潮"的,有范儿的。

而如果这类个性化符号变得越来越强烈,在外界形成一些影响力之后,就有可能先从小圈层出现IP,并不断地往外释放能量。如今不少品牌会借力"Media"大众传媒,人们在社交平台寻找有相同价值点、有相同爱好、有相同追求的群体,并以此强化这种影响力。

三、精神追求

"Mental",即精神追求。当今,内容和商品的供给量,已经远远超过我们对精神文化的追求。消费者发现追求商品性价比太过单一了(大多数商品没有质量问题),我们越来越不喜欢工业化的制成品,越来越讨厌和人"撞衫"。大家觉得用"加热包"做的食物和外卖小哥送过来外卖,是没有"灵魂"的,只有用匠人匠心的方法煮出来的面条,才能温暖一个深夜归家的"打工人"的心,这种认知本质上就是一种精神层面的追求。

在快节奏的都市生活中,人们愈发渴望"诗与远方",也在思考自己到底应该成为什么样的人。这时"IP"就成了一个最好的投射方式。

四、媒体趋势

"Media",即媒体趋势,人类信息的传播方式是从文字到图片,再到音频视频不断演化的过程。传统媒体从报纸、杂志、广播、电视一路走来,相对应的互联网媒体也是一样的,从门户网站到图片分享,到喜马拉雅音频,再到后来的短视频。我认为视频是未来最重要的沟通语言,影视剧是内容的主要载体,有了人格化的形象之后,这样的内容非常符合用户的消费需求,也恰好顺应了整个时代的发展趋势。

加入兴趣社区的动因与用户注意力聚焦

网络时代，人们选择加入一个兴趣社区最重要的动因有以下五点。首先是回答求助，这是一种利益的驱动。其次是炫耀，这里要有分别心，找到自我存在的意义。然后是分享知识和资讯，用户有荣誉上的驱动，比如想要成为"KOL"，成为某个行业的绝对"话事人"。再来是管理和储备潜在的关系，无论是社交关系还是两性关系，莫过于此。最后是共同认可的长期目标和价值观，比如我们常说的"始于颜值，陷于才华，而忠于人品"。不仅是Z世代，每一代人都有加入兴趣社区的冲动，只不过Z世代更需要商家了解他们的需求，知道他们的特征，不断做出他们所想要的东西。

在这样一个注意力不断分散，新的刺激点层出不穷，信息传播被各种微博、短视频打成碎片化，甚至是尘埃化的时代，用户的注意力又如何聚焦呢？

我认为有两种方式。

第一种是"做专"。如果我们希望用户有足够聚焦的注意力，那么就要创造出足够有特质的产品与体验。在传统的线下业态中，用户的流量不足以支撑业务的发展，所以绝对聚焦极有可能带来的是"死亡"。但是在互联网和有效连接的状态中，足够聚焦就可能产生巨大的商业空间。以抖音为例，抖音现在有六亿的DAU（日活跃用户数量），如果你生产的内容能够形成对用户来说"万里挑一"的兴趣点，便可以得到六万人的观看甚至是关注（如果放大到更大的时间尺度上，你可以得到十万甚至以上的播放量级，更何况这只是"万里挑一"的焦点）。六万人是否足以滋养一个完整的商业结构？核心在于你的内容和服务，能够让用户愿意为此付出多少"代价"。如果每个用户每年

愿意为你的内容花费一万元,那就意味着你每年可以拿到六亿元的产出,即便缩小到一千元,也有六千万的市场规模,我相信对很多的企业来说,这都是一笔不小的资产。如果你希望聚焦用户的注意力,不妨利用第二个"M"(大家对信息的碎片化和个性化需求形成了自我圈层),将所有资源转移到一个焦点业务之上,只要用户的触达点足够聚焦,那么形成的"压强"就足够巨大,"伤其十指不如断其一指"也是在说聚焦的力量。

第二个方法是让自己形成一种广阔的国民级的心智认知。抖音花费十二亿元做春晚的冠名,无数品牌也在依靠一些带有用户心智的节日,如春节、情人节等做营销。拿春节营销来说,它已经成为华语和东南亚文化圈里唯一一个众人目光的聚焦点,可以借助上述的一些节日,把产品和节日的用户心智进行绑定。微信已经把"抢"红包绑定在应用里"红包发送"的环节中,那我们是否可以尝试把自己的产品,植入到人们的某个心智共识之中呢?

总之,足够聚焦或者足够广阔,这两种都是可以获得注意力聚焦的关键方式。

Z世代是未来消费市场最大的变量,要关注的注意力,也要关注他们的消费趋势与需求变化。下一章将剖析新时代用户需求的一些"旧"和"新"。

新时代用户需求的变化与传承
——Z世代的崛起和新口红效应

Z世代用户的兴趣状态和购物趋势

Z世代的兴趣状态中,能看到一些很有趣的地方,比如社交依然排第一。为什么Clubhouse(美国的一款音频社交软件)刚出来就风靡全网,并且中国有若干个产品立刻跟风?因为每个企业都在关注着,也都在担心着,一种新的社交平台将吸引更年轻的人。据社会学数据显示,一个人从16岁到28岁甚至到30岁,都需要不断扩大社交圈。过了30岁之后,社会关系基本稳定。但由于社交产品有高存留性和用户画像特征,导致每一代人都有可能找到自己结识新圈层的方法,这类产品层出不穷,从Qzone到脉脉、探探等。总之,社交依旧是年轻人的超级刚需。

此外,视频、网购、音乐、游戏,这些都是Z世代用户使用量非常之高的板块,当然购物的趋势和状态也会和其他年龄段人群出现分割。Z世代消费者关注的第一要素是品质,其次会关注品牌、价格,也十分注重个性的彰显。下面给大家看看四个真正属于Z世代的消费品。

一、泡泡玛特的盲盒

一个小小的盲盒，撬动的是泡泡玛特整个企业的发展。2020年年底，泡泡玛特上市。从人群画像数据上可以鲜明地看到，它男女通吃，核心用户在19~24岁的范畴内，但是整体年龄分布非常健康，全年龄段都会玩。

二、花西子的美妆

美妆产品的用户画像显示，男士占到20%多的份额，一些男士开始有日常化妆的需求。另外，花西子和完美日记等品牌已经明显占据了Z世代用户的习惯与心智。花西子口红，采用的是中国文化同心锁的设计，如其中一支口红打开之后，可以看到精致的花纹，讲的是古代官员张敞画眉的故事。这个很温暖的爱情故事，让这支口红有了不一样的意义。由此可见大众对中国元素的喜爱，越来越多的中国风产品成为真正的爆款。在产品设计和业务设计中，是否需要弱化之前的那些西方的审美偏好，替换成中国文化符号，这可能是值得每一位产品人思考的问题。

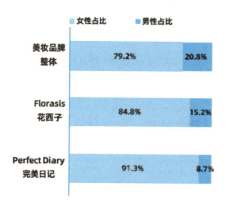

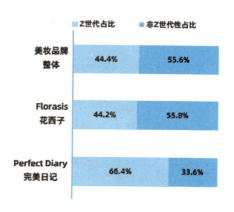

三、喜茶

茶品是中式茶饮的花式玩法，某种程度上替代了哈根达斯。喜茶小程序用户的规模，已到几百万甚至上千万的 MAU（Monthly Active User，月活跃人数），这是非常恐怖的数量级，且年轻人的用户规模还在不断增长。前一代的消费者玩的是日式手办，美式的超级英雄和变形金刚，用的美妆产品是美宝莲纽约、巴黎欧莱雅等一系列西方符号强烈的产品。到了喜茶和花西子，所用的 IP 已经中国化，这是不同年龄段用户在品牌认知上的差别。

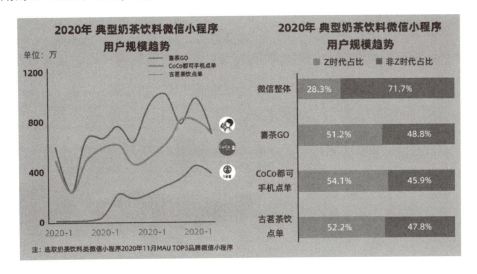

四、汉服

现如今在国内逛景点，一定可以看到穿汉服的年轻男女，聚在一起非常骄傲地拍照。80 后的消费者买的是什么？可能是巴黎梦特娇或美国的 Calvin Klein。而 Z 世代的崛起引发了从文化到消费特征，到所使用的产品完全被颠覆的状态。品牌消费承载的是更多年轻人对于个性的表达，对于文化的彰显，这是非常有意思的现象。

口红效应

口红效应,在前文中也有提及。它源于美国。当经济下行的时候,口红销量提高。反之,当经济变好的时候,口红销量会下滑。深究背后的原因,也非常有趣。在奢侈品品牌中,口红是价格相对低廉的单品,也是加了引号的奢侈品。所谓奢侈品,本质并不是绝对意义上的高价,而是与必备消费品相关。当一件事物并不是生活中的必选项,而依然有人要购买的时候,那它就是某种意义上的奢侈品。

经济下行的美国,人们的预期收入下降,女孩子花钱买一支大牌口红,会觉得自身和奢侈品产生了关联,以此获得满足感。口红相对于另外一款低单价奢侈品香水,有特别大的优势。香水,在环境中很难被确认由谁散发出来。而口红能够非常明确地对人的容貌有所加持,所以这就构成了口红效应背后的动因。

着眼于国内,这大抵也是2019年左右李佳琦快速走红的根本原因。如果他带的货不是口红,而是香水,即便是有"Oh My God!"的加持,香水也很难助他位列带货一哥的市场地位。毕竟很难想象在直播间试用香水,如何表达和演绎,才能和让用户感受到主播的芬芳状态?因此有口红效应,而无香水效应。

新口红效应

非确定性能够给人带来非常有趣的成瘾性的体验,和若干年前抽小浣熊

干脆面里的水浒人物卡,再到手游抽卡片,是一脉相承的体验。

盲盒本质上是 Z 世代消费者的"口红效应"。泡泡玛特成为年轻人的"口红效应",是因为这些时尚潮玩原本要卖到三百块钱甚至两千块钱的单价,盲盒的价格要低很多,从 49、59、69 到 89 块钱,买一个不心疼,买完之后有购物快感,当摆件的时候还可以不断地产生分享裂变。从盲盒中可以把握到很多 Z 世代消费者的心智特点。如今从泡泡玛特盲盒已衍生出文具的盲盒、面巾纸的盲盒,各种盲盒层出不穷,盲盒效应仍在持续燃烧。

后记：

产品经理的生态位

生态位的思考逻辑

什么是生态位？

从生物学的概念上来说，生态位是指在生物群落或者生态系统中，每一个物种所拥有的角色以及为了获得生存资源所占据的一个特定位置。

生态位的核心

一、竞争

不同的物种生活在一起，就会抢占资源。比如说，各种各样的飞禽都会从树上获取食物，但食物数量是有限的。能够高效吃完树上食物的鸟类，繁殖能力更强，综合生存能力也就更高。比如说有的鸟一次只产一枚蛋，有的产五枚，而家庭成员多的鸟群，占据这块林地资源的可能性就更大，进而形成种群优势，最后拿到生态位。

二、资源分配

几种鸟儿往往在同一棵树的不同高度吃不同的食物，或者在不同时间吃

食物。有的鸟儿飞得高，吃树顶的食物，有的鸟儿飞得低，在树的腰部和底部觅食。我们说早起的鸟儿有虫吃，起个大早吃完食物之后，回去睡个回笼觉，这个时候树上的第二波鸟儿也起床了。这里面有一个生态位竞争策略，即通过错峰的方式，食物被分开攫取了，避免了激烈的竞争，也因此进化出那些不同的进食特征的鸟，各式各样的鸟嘴，错落有致的飞行高度，吃不同的食物，占据不同的生态位。

产品的生态位

从自然界联想到互联网，产品也有自己的生态位。我们总是在讨论一个话题，如何能加强自家产品在整个生态系统中的生态位？市场其实就是生态圈或者行业系统，也叫作生态链，产品和企业身处其中，用战略确立自己所属角色和地位，就是生态位战略。说白一点，一个公司把产品投放到市场上，靠什么活下来？是产品本身足够强大能独步天下，还是能够占据一个独立的高度和独立的时间，具有了生存的条件和可能？这就是一种生态位的竞争策略。

顶级生态位的产品思考

讲过了什么是生态位，再讲讲顶级生态位的产品思考。观察市面上的顶级产品，一般来说，如果将自己的产品做到它的60%，就能存活下来。

产品有三个基本要素：第一，在市场上形成交易；第二，被人们使用和消费；第三，满足人们的某种需求。比如说口渴了，拿起眼前的这杯水喝了一口。水提供了口渴这个问题的解决方式。再比如使用墨迹天气APP，本质上是要解决明天出行该穿什么的问题。以上这些状态，产品都是用户问题的解决方式。

一、产品的两大类型

产品可以分为两大类型，第一类是直接解决了问题，第二类是提供了一种连接的途径。如某互联网房屋中介平台，最初它只提供连接，后来自己试图直接解决问题，结果变了一种金融衍生品，整个公司的业务就乱套了。拿饥饿感来说，想吃一盘炒饭，炒饭就是饥饿这个问题的一种解决方案。

第二种是提供连接途径。商场提供的就是一种综合连接的解决方案。人们逛商场可以买帽子买衣服，也可以买其他的东西。本质上，商场绝对不会生产帽子，它只是帽子的搬运工。一家餐厅也绝对不会只卖炒饭，单品很难存活。商场和餐厅，提供的是连接服务。

产品可以是有形的物品，也可以是无形的服务、观念或它们的组合。

二、集中式连接点

由"提供连接的途径"发散一下，还有一类产品是提供了集中式的连接点。一个店铺是一个连接点，而更大的店就能够提供集中式的连接。比如"赶集"这个事情，集市上有很多小的、单一性的店铺，从而使得整个市场展现商品琳琅满目的景象。"集"是集中，是集中式的连接点。再比如餐饮一条街，像"大时代"这样的大排档，也提供了集中式的连接点。那么，集中式连接点提供了什么样的价值？任何一种产品，一定是对社会中没有被充分服务到的地方提供了价值，才有资格存活下来。如果做了一个集中式连接，但是没有一个真正意义上的价值溢价，那它就没有必要存在。

三、集中式连接点的价值

生活中我们看到某些地段开了很多家饭店,客人来了之后,难免被分流到不同的店铺。有人曾经想过这样的场景:开饭馆,一定要开在一片没有其他饭馆的地方,这样一来,我的饭馆就没有竞争者了。但美食街、装饰城、"五金"一条街的生意却十分红火,集中式的连接点看似形成竞争,但本质上出现了降低交易撮合成本的综合优势。流量固然要有,但是流量也要有闭环。最重要的是购买者,也就是需求侧决定了最后的供需关系,交易之所以产生,是由需求构成的。

作为用户和顾客,我们怎么买东西?大家想一想,如果要买帽子,第一选择是哪里?哪条街上有专门卖帽子的店?夏天的帽子在哪里买?这些记忆成本非常高。而且万一找过去,发现店铺早已停业,最后扑个空,交易撮合成本太高了。

百货商场是一个不错的选择,"百"意味着品种繁多。逛百货商场的过程中,可能没有找到心目中理想的帽子,但找到一顶差不多甚至更喜欢的帽子也说不定。这便是群聚效应带来的用户撮合成本的奖励。只要去,大概率能找到想要的东西。货品丰富,带来的选择就足够多,选择够多的话,每个单一用户的交易撮合成本变低了,客流量就多了,客流量多了之后,综合购买力就强了。综合购买力强了之后,尽管有竞争,但将几倍的用户量分流之后,人流数量依旧可观。人流吸引商户入驻,更多的商户带来更多的货品,这是一个良性的循环。壁垒本质上就是自增长的闭环循环的状态,这就是集中式连接点所提供的价值。

互联网的规模效应

互联网有更加强大的规模化效应。即便去再大的百货商场,也是有边界的,体量和库存均有限。淘宝则是互联网背景之下产生的无边界商场。

当然了,互联网除了规模效应之外,还有另一个能够打败传统行业的要素——将单次博弈变成了多次博弈。举个例子,曾经有部分旅游景点的导游"宰客",在旅游的场景中,导游和旅客之间是一种单次交易的结构,本着"过了今天再不相见"的原则,无良导游靠"宰客"获利。但有了互联网之后,这个交易结构就改变了,将单次博弈变成了多次博弈。淘宝上商家的货品,所有人都可以评价,成为其他人购买的参照。在这种长效的交易模型中,商家和顾客都要规范自己的言行,商家把控商品的质量和服务,顾客根据实际情况给出反馈。此类用户评价机制,也是传统旅游业可以借鉴的地方。在一个长效交易的过程中,商家和顾客之间形成了良性的互动,这是很美妙的一件事。

互联网产品的本质就是集问题的解决者和连接者于一身。连接者和解决者的差异是什么?解决者往往是在单点上完成产品交付,连接者往往在一条线上构建连接,无数的共同需求构建出来,无数的解决者帮助连接者共同铸就一个有生态位级别的产品结果。即"线"可以通过规模化形成"面","面"就成为"生态位"。

如何构建职业的生态位

复盘的意义

自己的职业生态位该如何构建？不妨先养成一个思维习惯——复盘。这里面的核心在于学会给自己建立一个增强型调节回路。

首先，每个岗位都是有价值的，你要明白自己的业务目标是什么。基于这个目标，再去分解"怎么做"。例如，公司要搭建一个后台系统，那一定是为了提效减错、积累数据等，这些都是目标。再来分解任务，看看可以用什么样的方法解决。之后实施，实施之后，你就能得到反馈，然后用反馈的结果进行复盘。

如将目标定为将公司的"GMV"提高5%，并为之做了很多工作，最后却负增长2%，那就再想想有没有其他办法可以达成目标，这个过程中，你的业务能力就能慢慢提高。这是一个不断循环的增强回路。

这一点，跟构建产品生态位的增强回路是一样的，如果没有目的，产品的设计就仅仅是为了完成一个功能。如果一名职场人做事没有目的，后续就没法复盘，工作能力就无法提升。如果没有目的，你的简历里就只有经历，而从来没有经验。

公司做产品的真正目的，就是形成商业模式体系。爱因斯坦说"复利是世界的第八大奇迹"，很多投资理财的大师，不管眼光多么独到，取得的长线成功都和复利密切相关。非常著名的复利"鸡汤"是这么说的："每天提高百分之一，一年之后你便获得三十七倍的成长。"复盘的意义就在于此，通过一次一次不断地调节回路，让你从上一次的经验和时间投入中得到新的认知，不断提高业务水平。

如何复盘？

学会复盘，是夯实职场生态位的方法，具体流程如下：

回顾目标 → 叙述过程 → 评估结果 → 分析原因 → 推演规律 → 形成结论

一、回顾目标

确定制定目标的意义，注意不要把手段和目标混淆。比如，有人为了提高用户留存率，做了注册登录的功能，等到复盘的时候，跟领导汇报，目标是完成产品注册登录功能。这个目标有用吗？毫无用处。不忘初心，方得始终。很多时候，我们走一段路，是为了证明所做的事情有价值。很多人会说："不在乎目的地，在乎的是沿途的风景和看风景的心情"，这句话不适用于产

品开发。因为对于产品人来说,核心职能是解决问题,且目标清晰。你如果知道你去哪,全世界都会为你让路。小米为什么要大量开实体店?就是因为线下是一个巨大的流量渠道,互联网的渗透率只有17%。所以一定要明确你的目标是什么,手段是什么,并把它夯实。

二、叙述过程

在复盘的时候,列出完成目标的思考逻辑和步骤。这件事到底是怎么做的?做了哪几步?相信很多人在面试时都会被面试官问类似的问题,诸如最大的收获是什么?遇到的最大的问题是什么?怎么克服的?这些问题一体两面,既能考核你的认知深度,也能看看你有没有复盘的习惯。如果你哑口无言,不知所措,这场面试注定是失败的。

三、评估结果

第一步的目标没定好,结果评估就难做。目标清晰的话,把当时行动的步骤,遇到的困难,一步一步写下来,把目标和结果进行比较,是高于结果,还是低于结果,还是符合结果,做评估即可。

四、分析原因

有一个"QBQ"的概念,即问题背后的问题。为什么没有达成结果?为什么达成了结果?为什么跟预想的有偏差?

五、推演规律

想一想做事情的底层逻辑,是用的方法不对?还是进入的时机不对?如

果高估了目标,是因为对于目标的认知不对,还是在过程中具体执行的方法出错了?一点点去"拆",再去推演其中的规律。

六、形成结论

产品的一大价值,就在于对于未来可控性的了解,这里面有相关性和因果性的东西。还有可控、半可控、不可控的一些要素。有两件事很重要,一个叫作固化认知,另一个叫作形成成功的范式。人的思想都有"气、液、固"三种状态。思想和创意是气态的,就像花火一样,绚烂夺目。语言、行动、文化是液态的,因为液态便于流动和交流。只有记笔记,做复盘,形成你的模式,才能固化你自己的认知,形成一个成功的范式,这就是"学"和"习"的关系。

打造自己的复利之轮

一、认知提升的意义

我们时常说"听了很多道理,依然过不好这一生",核心原因在于是只"学",但不"习"。操练不能少,只有通过一些方法才能打造人生的"复利之轮",提高自己的认知,通过社会实践得到结果反馈,认知出现跃迁,不断在新的认知的层面获得更高的认知。

个人成长之外,认知提升的意义是什么?认知又叫格局。如果说五感(视觉、听觉、嗅觉、味觉、触觉)是人类对外界信息的初级判断,那么认知则是人类对世界机理的高级判断。如果没有认知,就无法在更高维度上进行

思考。人类很难产生新的认知，我们都要在探索新的认知的路上不断练习，不断内化，才能得到提高。

二、认知跃迁是什么？

在职业等级的进程中，从专员到主管，从经理再到总监，每一层面职业等级的晋升中，并没有直接通路。很多网络游戏里都有这样的剧情：一个少年，手中有剑，眼中有火，心中有光，最后斩妖除魔，迎娶公主回家。而真实世界并非如此。最可悲的不是无法打败游戏关底的 Boss，而是你的职场上既没有关底，又没有 Boss。

职业等级晋升，没有找到职业通路，所以很多人会觉得自己到达一定等级后，再也上不去了。职场中有一个看不见的玻璃天花板，在达到自己等级的八十分之后，进步极端缓慢，而且成效极低。在这个过程中，你很容易被后来者和更年轻的人替代。

三、产品壁垒与认知提升

所谓产品壁垒，就是要在整个产品生态中形成正向循环的调节回路，使得产品能够越做越好。只有通过不断复盘，不断提升自己的认知，才能站在更大的格局上，去思考问题，解决工作中的问题。所以工具产品没有壁垒，"工具人"式的产品经理也没有壁垒。培养产品思维至关重要，这是管理自我的一套思维操作系统。通过学习把认知的短板补足后，回报是丰厚的。你永远赚不到超出你认知范围的钱，你赚的每一分钱，都是认知的变现。

生态位如何形成壁垒

前面已经详细介绍过生态位的问题,下面分析一下互联网企业是怎么建立自己的企业生态位的,以及它们是如何在"增强调节回路"上建立起自己的企业壁垒的。

腾讯的网络协同效应

网络协同,指的是通过大规模、多角色、实时互动来解决特定的问题。举一个电话机的例子,人类第一台电话机的价格极其昂贵,但是它不能打给其他的电话机,是没有价值的。到了第二台电话机,虽然价格依然很贵,但是它拥有了信息价值,它可以打给另一台电话机。从第二台电话机开始,每新增一台机器,就为这张信息网络增加了一个节点。同时,这张网络能够被其中的节点所使用,也就是说加入到这张网络中的节点数越多,它自身的价值就越高,这就是网络协同效应。而腾讯的核心壁垒就是网络协同。

微信把用户的社会化关系放到了一个网络中,用户在加入腾讯系的社交软件后,网络的关系节点不断增加,用户会和越来越多的人产生联系,发生连接关系。同时,原有网络的价值也会变高,它会吸引更多的用户加入这个生态,所以,只要有用户通过账号注册加入到这个网络中,这个网络就会越

来越强大,最终构成腾讯的一个增强回路,从而形成企业壁垒。

阿里的增强回路

阿里的增强回路和腾讯的增强回路非常相似。同时,它的增强回路——撮合平台更加鲜明。阿里的核心是货品资源丰富,为用户带来了更多的选择。用户想买什么东西,都可以到淘宝上直接搜索。货品多,选择多,带来的用户也就越多,综合购买力就越强。在十亿级的人口规模下,每个人哪怕只花十块钱,商业流水进账的数目也是惊人的。而这种商业规模,会引来更多的商户入驻平台。

这个过程中,会产生两种不同的平台形式,腾讯是一个"单边平台与双面平台"的形式。比如,微信在聊天功能上是一个单人平台,这里的使用者都是用户,大家是平等的,没有什么差别。公众号则是一个双面平台,这里出现了内容的两个状态——发布者和用户。

阿里巴巴构建了一种多边复杂协同平台的形态,从用户到交易平台,到商家,到阿里巴巴的整个供货平台,无论是物流仓储,外包托管,还是衍生品会展,都可以作为完整体系的一部分存在。

百度的增强回路

百度以搜索起家,它将搜索的流量导入到了一些小型网站,用人工排序和算法的技术,提高了用户的搜索体验。在这个过程中,出现了"百度联盟",也就是那些小网站上的广告,百度用这样一个产品,使得"个人站长"

可以通过用户的搜索点击行为，得到一部分广告收益。在这个利益的驱使下，"站长"就会生产更多的内容。而更多的内容产生之后，就有更多的搜索结果覆盖，用户想要搜索任何信息，都可以在百度这个入口得到。这时候就出现了一个不断循环的增强回路：百度的搜索量越多，这些中小网站就可以得到越多利润，进而越加努力地产生内容，用户搜索体验就越好，这样就形成了一个完整的闭环模型。

如何对抗行业周期和知识半衰期

行业周期

我们要了解任何一个产业周期，本质上要看什么？什么是推动这个产业发展真正的原动力？实际上，这些问题都源于技术和商业这两个共生体，就像 DNA 的双螺旋曲线。

一、技术

当行业开始有"技术"概念的时候，往往尚在萌芽期。从研发变成工程化之后，技术进入摸索成长期。

二、商业

当技术找到了应用场景，就会进入上升红利期，当它呈现出良好的商业化状态的时候，则会进入用户爆发期。此时，商业开始驱动，第二个"螺旋"也开始驱动变化。当市场出现供过于求时，融资难度增大，市场出现增长泡沫期。大量没有商业模式，没有"造血"能力的企业倒在了这个阶段。

我们要分析技术在什么样的时间节点出现演进和跳跃，要找准这个时代的"脉搏",找到这个时代的"卡点"。要从人、货、场的角度出发,思考每个时代的"爆品"诞生路径。时代总在变,每个时代都有其专属的"爆品",也会有"弯道超车"的机会。

知识半衰期

随着科学技术的迅猛发展,人们过去在学校里学到的专业知识,逐步陈旧过时,这就是所谓的"知识半衰期"。

如今,人们的需求在快速迭代,大家都想拥有最新最快的信息,都希望产品有"即插即用"的功能。这种功能可能这个月有用,下个月就不能用了。很多"即插即用"的功能在压力之下很快就能掌握,并不需要刻意去学习。时代需要的是长周期的知识,你最近可能用不上,但是可以受用终身。还有一些长周期、低回报的事情,比如说我厨艺很好,驾驶技术很好,但是这些基础生活技能都是长周期、低回报的,甚至用点外卖、找代驾的方式就能解决这些问题。而理论体系知识的搭建是重要但不紧迫的事,没有人会催着你做,你的老板不会,你的客户也不会,他们只要你有解决方案。然而如果不学习,提高自己的核心能力,那明天你将落后于时代。

抵抗知识半衰期

人类历史上思想持续更新的过程,也是知识半衰期的过程。18~19世纪,一个知识要160年才更新,20世纪90年代,3年就是一个知识的半衰期,到21世纪,这个周期是1.5年。怎么才能抵抗知识的半衰期?需要做三

件事。

一、从指向性学习到跨界学习

指向性学习就是学生期间的学习。步入职场之后,如果想成为一名优秀的产品经理,就得学数据分析、运营、设计及美术等,这些能让你成为一个"有趣"的人。而跨界学习使我们得到更多知识,见识丰富多元的世界。如果只是夯在产品设计一个点上,并不能让产品变得与众不同,所以跨界是必须做的事。

二、从整体化学习变成碎片化学习

日常生活中的午饭晚饭间隙,包括通勤路上的时间,都可以被利用起来。比如笔者每天刷牙的时候能看六七页书,得到一些有用的知识。不要一味地沉溺于刷抖音,刷微博,把碎片化的娱乐时间转化成碎片化的学习时间,就能实现自我成长。

三、从阶段性学习到终身学习

终身学习极其重要,唯有终身学习才能让时间成为你的朋友,才能不被淘汰。笔者创办"山顶会"的初衷,就是希望通过不断的陪伴,通过每周的案例剖析,给大家分享顶级的拆解方式。经过一年两年的持续学习,相信我们都会越来越好。即便路阻且长,我也希望用长久的陪伴,照亮你们的成长道路。

产品经理的高维视角是什么

感谢你,一直读到了这里,完成了我们在前言中"山脚人太多,咱们山顶见"的彼此承诺,走到了这个或许是"山顶"的地方。关于产品经理的高维视角是什么,不知道你读完本书后有没有新的认识。请让我用自己的一款产品设计,做一个具体的描述。

最近我设计了一套"山顶会"扑克牌,作为礼物送给学员。下面分享一下这套牌在设计制作过程中我的心路历程。扑克牌作为一款产品,是很特殊的,毕竟 54 张扑克牌,不能为了"产品升级"改成 55 张或者 53 张。至于"改变体验",牌型改成三角形似乎也不能有立竿见影的效果。所以,一副扑克牌的设计,本质是在资源和扩展范围非常受限的状态下,进行的产品筹划。

产品设计的关键,就是为它赋予更多的意义。所以我们在产品打磨阶段做了一件很重要的事:4 种花色代表 4 种寓意。扑克牌最早源于塔罗牌,塔罗牌也是有 4 个体系:权杖、圣杯、钱币和宝剑,对应扑克牌里的黑桃、红桃、梅花、方块。它们本身就各有寓意,那我们就应该想办法赋予它更多的寓意。从功能设计到情感设计,核心是我们要为每一件事情赋予意义。

红桃,实际上是圣杯,代表爱情和情感,它本身就是情感要素。而产品的圣杯是什么?是用户的心,用户需求是我们产品人的圣杯。红桃在这里代表的是用户需求,寓意"山顶会"的核心理念——"一心为用户"。黑桃是宝剑，象征着正义战争和灾难，也代指我们要去拓展市场，拓展用户，寓意"增长和运营"（增长是赢得市场的第一驱动力）。梅花代表权杖，象征权力和热情，我们为它赋予了另一层寓意，即"梅花香自苦寒来"，提升个人修养，让自己变得更强，才能获得更多的权利和更好的影响力。最后一个是方块，它是钱币，又叫星币，代表的是财富，衍生寓意为商业模式。

以上这些便是我做这套牌的核心设计理念。同时，每一个数字和内容高度对应，我可以负责任地讲，我收藏的多套扑克牌，没有这样做的，因为这样做太难了。当你发现一件事是正确的，但很难做的时候，祝贺你，这件事是值得做的。

这件事耗费了我大量的时间，但我觉得一切都是值得的。而且在图案设计阶段，我特别喜欢的"梗"也频频出现。比如"8"倒下来就是一个代表"无限"的符号，既寓意"无限"又可以构成一个目的——产品的壁垒。"8"加上"黑桃"，意指私域经营的内外闭环流量，产品营销的一体化，再到双重的个人成长。"10"与"时代"谐音，在数字化时代中，商业产品和运营该怎么做？看到这张牌的，也许能有一些类似的思考。我们还在扑克的内部放置了蓝芯（制作扑克牌的材质），象征着智慧、信念、技术。每一个设计细节，都尽可能融入"山顶会"的元素。

在材质方面，无论是材料的光滑程度、韧性，还是扑克牌背面的花色等，都花费了很多精力，我们在数十种方案选择中挣扎徘徊。对产品的严格把控，"逼迫"各个供应商不断地拿出新样品。在产品的尺寸上，这套牌比普通牌要更大，为的是尽量把牌面知识点印刷得更清晰，也希望学员能够像它一样，比别人能力高一点，因为"山高人为峰"。一副牌的重量适中。我们还在产品的厚度、手感等方面不断打磨。最后还对扑克牌做了表面压金工艺，一方面

是观感很舒适，二来表面滑顺，手不会被划破。最终呈现出一个心意之作，一个值得拥有的作品。

这便是产品设计过程中的一个方向——具备极致"死磕"的态度，魔鬼隐藏在细节之中，每个细节都可能蕴藏着无数的体验提升机会，这是产品经理向着更高维度进军的思路。

另外一个方向，是直接跳出现有产品的桎梏，走向另一个维度，比如诞生于20世纪90年代的姚记扑克，从一个家庭作坊起家。在那个物质和娱乐生活都相对匮乏的年代，通过一副扑克，让姚记成为一家上市公司。但随着时代变迁，姚记扑克也遇到了很多困境与挑战。它的应对之道便是进军互联网。脱离纸质扑克的束缚，深入解决人们本质的娱乐需求，在网络游戏市场再次辉煌。现在的姚记，已经转变为一家科技公司，主营业务收入中有一半来自网络游戏。这其实是产品观点的第二种逻辑，即改变自己的形态，但深入需求的本质。

第三种方向，便是颠覆自己的玩法。扑克牌也是桌面游戏的一种，而桌游并不止于扑克。提到桌游，很自然会想起"狼人杀"和"三国杀"，其实桌游种类的丰富度远超很多人的想象。我们也可以在桌游的设计中领悟很多产品理念。比如桌游《山屋惊魂》，就赋予了游戏强烈的故事背景，几个好友深夜到达山顶小屋，这个小屋中发生了各种诡异的事情。随着玩家们在这个屋子里不断探索，会拿到不同的商品，解开更多的谜题，但也会突然间触发背后一盘"大棋"。这类有故事背景的桌游，让很多人玩得不亦乐乎。另一个有趣的桌游是《东海道》，玩家在游戏中会从京都走到江户，作为旅程类的游戏却没有"掷骰子"的功能。大家可以自行控制落脚点，纵情欣赏各地的美景。在这样一套桌游中，每个人有各自的天赋，也有各自的故事。最终它给人的启发是，只有慢慢走，才有机会在人生旅途中与美景不期而遇，也能和自己原本的出身与背景互相接纳与和解。

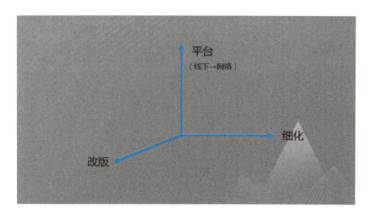

最后用空间直角坐标系对产品思维进行总结。第一，可以在产品精细程度，在用户的极致体验上做各种类型的尝试和探索。第二，拓展新的平台和渠道。比如从传统行业到互联网，从某一个区域到全国市场，从全国市场到国际市场，都可以做类似的拓展。第三，自我颠覆，做出全新的体系和打法。产品升维认知的核心在于更加广域的思考方式和三维立体式的打法，这样才能让我们的产品在市场更迭中，永远立于山顶。